# 高校课程建设与改革发展路径研究

李雪征 著

吉林科学技术出版社

图书在版编目（CIP）数据

高校课程建设与改革发展路径研究 / 李雪征著． --长春：吉林科学技术出版社，2020.11
ISBN 978-7-5578-7878-8

Ⅰ．①高… Ⅱ．①李… Ⅲ．①高等学校－课程建设－研究②高等学校－课程改革－研究 Ⅳ．①G642

中国版本图书馆CIP数据核字（2020）第217074号

## 高校课程建设与改革发展路径研究
GAOXIAO KECHENG JIANSHE YU GAIGE FAZHAN LUJING YANJIU

| 著　　者 | 李雪征 |
|---|---|
| 出 版 人 | 宛　霞 |
| 责任编辑 | 朱　萌 |
| 封面设计 | 李　宝 |
| 制　　版 | 张　凤 |
| 幅面尺寸 | 185mm×260mm |
| 开　　本 | 16 |
| 字　　数 | 210千字 |
| 页　　数 | 152 |
| 印　　张 | 9.5 |
| 印　　数 | 1-1500册 |
| 版　　次 | 2020年11月第1版 |
| 印　　次 | 2021年5月第2次印刷 |
| 出　　版 | 吉林科学技术出版社 |
| 发　　行 | 吉林科学技术出版社 |
| 地　　址 | 长春市福祉大路5788号 |
| 邮　　编 | 130118 |
| 发行部电话／传真 | 0431—81629529　81629530　81629531 |
|  | 81629532　81629533　81629534 |
| 储运部电话 | 0431—86059116 |
| 编辑部电话 | 0431—81629520 |
| 印　　刷 | 保定市铭泰达印刷有限公司 |
| 书　　号 | ISBN 978-7-5578-7878-8 |
| 定　　价 | 40.00元 |

版权所有　翻印必究　举报电话：0431—81629508

# 前　言

我国高等教育正在从大众化向普及化跨越，人才培养的多样化需求更加显著，国家将教育的结构性改革作为发展主线，加快推进高等教育分类发展，推动具备条件的普通本科高校向应用型转变。基于对应用型课程内涵和基本原则的理论分析，对我国转型高校在课程建设过程中取得的进展进行分析发现，国内应用型高校在转型发展过程中，课程体系建设趋向能力为本，课程开发体现多元协同，课堂教学更加注重应用性特色。针对转型中需关注的问题，从构建与专业有机融合的创新创业课程体系、建立可持续性的校企合作机制，推进学生中心教学范式方面给出了思考与建议。

课程建设是通过师资队伍、课程规划、课程大纲、教材选用、实验室建设五个方面有机结合构成的体系。一般来说，在学校或专业培养人才质量标准稳定的情况下，课程结构和内容是相对稳定的。学校教学工作中的课程管理应是日常事务性的规范和完善、布置和检查。而当社会发展对人才质量标准提出新要求时，原有的课程设置也应做出调整。

建设结构合理、高素质的教师队伍。教师队伍是课程建设的基础，要具有合理的知识结构和年龄结构。作为课程建设来说，教师是具体实施者，是课程建设最为重要的环节。为了培养适应社会发展的高素质人才，应根据社会需求定专业，根据专业定课程，根据课程定老师的原则，围绕课程组建教师队伍，引进高素质人才，重视教师队伍的思想政治素质和业务素质的提高，重视教师梯队建设，培养知识结构和年龄结构合理的师资队伍。

笔者在撰写本书的过程中，借鉴了许多前人的研究成果，在此表示衷心的感谢。

# 目 录

## 第一章 高校教育教学理念 ·················································· 1
### 第一节 高校形势与政策教育教学模式创新 ······················· 1
### 第二节 以人为本推进高校教育教学管理创新 ···················· 6
### 第三节 教育机制在高校艺术设计教学中的应用与创新 ········ 8
### 第四节 高校法制教育教学模式创新 ································ 11
### 第五节 Web2.0 时代高校教育教学的创新 ························ 14

## 第二章 高校教育教学的基本原则 ········································ 19
### 第一节 高校教学原则新探 ············································ 19
### 第二节 现代高校教学制度的价值理念与创新原则 ············· 26
### 第三节 高校教学管理如何贯彻以人为本原则 ··················· 32
### 第四节 基于教师专业化的高校教学质量监控原则 ············· 35
### 第五节 高校创业教育课堂教学体系的构建原则 ················ 37

## 第三章 高校课程建设的基本理论 ········································ 41
### 第一节 高校课程建设的新问题 ······································ 41
### 第二节 高校课程建设反思及出路 ··································· 44
### 第三节 媒介融合与高校课程建设关系 ···························· 46
### 第四节 高校课程建设与人才培养模式改革 ······················ 53
### 第五节 基于完全学分制的高校课程建设 ························· 55
### 第六节 一流学科发展视域下高校课程建设 ······················ 61
### 第七节 应用型高校在线开放课程建设原则、模式、评价 ···· 65

# 第四章 高校课程建设模式研究 72

## 第一节 高校课程建设思维模式与方法 72
## 第二节 高校微课程教学团队建设模式 77
## 第三节 高校课程建设的教育经费投入模式 79
## 第四节 基于SPOC教学模式的高校课程建设 84
## 第五节 高校口语表达类课程建设和教学模式 86
## 第六节 慕课背景下高校专业课程建设与教学模式 89
## 第七节 项目管理视角下的地方高校开放课程建设模式 92

# 第五章 高校课程建设改革研究 97

## 第一节 高校物理课程改革与建设策略 97
## 第二节 高校健美课程建设与教学改革 100
## 第三节 高校思政课程体系改革和建设 102
## 第四节 高校计算机课程教学改革与建设 105
## 第五节 高校"形势与政策课"课程建设改革 108
## 第六节 高校舞蹈编导专业课程建设与改革 113
## 第七节 "金课"建设背景下高校课程教学的改革 117

# 第六章 高校课程评估研究 122

## 第一节 高校课程评估指标体系的研究与构建 122
## 第二节 地方高校课程建设质量评价刍议 127
## 第三节 我国高校课程建设质量评估标准 130
## 第四节 高校艺术素养类的通识选修课程建设 133
## 第六节 在线教育课程质量评估体系建设 140
## 第七节 以课程评估促进高校就业指导课程建设 142

# 参考文献 145

# 第一章 高校教育教学理念

## 第一节 高校形势与政策教育教学模式创新

"形势与政策"课是高校一门重要的思想政治理论课程,其时效性、变动性和综合交叉性较强,教学难度较大。目前,要增强高校"形势与政策"课程的教学效果,就必须对其教学理念、教学内容、教学模式和考核机制等进行大胆创新。

形势与政策教育是高校思想政治教育的重要组成部分。高校"形势与政策"课程既有思想政治教育功能,又兼有通识课程功能,对培养大学生的历史责任感与时代使命感、增强大学生综合素质、引导大学生做合格中国特色社会主义建设者和接班人具有极其重要的作用。鉴于该课程相较于高校其他课程而言,具有时效性、变动性和综合交叉性等特点,给教师的教学和学生的学习带来了不少的难度,要提高其教学实效,其教育教学创新就显得尤为必要。

### 一、转变教学理念,提高创新意识

思想是行动的先导,教师的教育教学行为总会受到教师教学理念的支配和影响,教师的教学理念还会影响着学生的发展。目前,一些教师和学生对高校"形势与政策"课程的价值与意义认识不足,因而对"形势与政策"课程教学持有一种应付的心理,加之学生对于该课程也存在认识上的片面性,致使形势与政策教育教学容易出现走过场,教学效果不尽人意。因此,更新教学观念是提高形势与政策教育教学实效的前提条件。

首先,教师要重新认识和深刻理解高校开展形势与政策教育教学的目的和使命。这个问题是教师在指导思想上必须明确和认识到位的问题。高校开展形势与政策教育的根本目的,是要让大学生学会用马克思主义的立场、观点和方法,分析认清形势,做到"识时务",从而更好地认清社会,认识自我,把握未来;教育和引导学生全面准确地理解党的路线、方针和政策,坚定在中国共产党领导下走中国特色社会主义道路的信心和决心,积极投身改革开放和现代化建设伟大事业。教师要充分认识到高校"形势与政策"课程除了具有思想政治教育功能之外,还兼备素质教育和通识教育的功能。形势与政策教育教学要以相关学科知识教育为依托,丰富学生的理论知识素养,提高学生的思想理论水平,拓展学生的视野，提升学生的境界，为培养学生科学的世界观、人生观、价值观打下坚实基础；形势与政策教育教学要对学生进行科学精神和人文精神教育，培养学生的创新思维能力。

其次，教师要确立现代教育和终身学习的思想理念。现代教育思想的核心内容要求教师在教育教学过程中要充分尊重学生的主体地位。高校"形势与政策"课程教师在教育教学活动中，只有坚持以学生为主体，才能充分调动学生的学习积极性，促使学生由被动学习向主动学习转变。由于"形势与政策"课程所涉学科多门，内容十分庞杂，再加之其变动性特征明显，因此，教师必须勤学多思，不断提升自身的政治素质和业务水平，才能适应课程教学的需要，完成自己的教育教学任务。

## 二、优化教学体系，创新教学内容

教学内容是传递教学信息、发挥课程功能的关键要素。由于"形势与政策"课程的自身特点，国家教育部门并未组编统编教材，一些高校在安排"形势与政策"课程的教学内容时，显示出一定的随意性，仅仅根据教师的研究领域或兴趣，致使课程教学内容的确定缺乏严肃性和合理性。实践证明，这种教学难以实现课程的教学目标，导致学生学习兴趣不足，教学效果自然难以保障。

高校"形势与政策"课程内容设置应以教育部每学期制定的"形势与政策教育教学要点"为基本依据。当然，不同高校、不同专业、不同年级有自身的个性特征，高校在设置"形势与政策"课程内容时要照顾到高校以及各年级各专业学生的实际，考虑到学生认知特点和对知识的需求不尽相同，在设定教学内容时，要合理优化，大胆创新。如对一年级新生的教学内容，可安排"形势与政策"课程基础理论内容，包括什么是形势与政策、学习"形势与政策"课程的意义、分析形势与把握政策的原则与方法、马克思主义形势与政策观、校情校史与校规校纪介绍等内容，让学生熟悉"形势与政策"课程的基本知识，明确学习"形势与政策"课程的意义与方法，尽快了解和适应新的学习生活环境；对大二、大三年级的学生可侧重安排重大国际国内形势、党和国家大政方针政策和社会热点焦点等内容，帮助学生理性分析和对待形势与政策，提升学生分析辨别的能力；对即将毕业走向社会的学生，可安排一些事关就业创业方面的形势与政策内容，帮助学生树立正确的就业观。总之，对形势与政策课程内容的设置，既要体现出严肃性、系统性和科学性，又要体现出变动性和针对性，不断优化教学体系，创新教学内容，以更好满足课程教学的需要。

## 三、改进教学方法，创新教学模式

在高校"形势与政策"课程教学中，采取的教学方式，必须有利于增强其教学实效。就目前的情形看，一些高校"形势与政策"课程教学方式单调、陈旧，很难适应新时期大学生个性多样化特征。因此，改进教学方式、创新教学手段就显得十分必要。教学中，必须遵循教学设计要有新视野、教学过程要充满激情、教学环节要体现教师为主导、学生为主体、教学环境与氛围要开放、民主、和谐等原则。根据这些原则，改革创新高校"形势与政策"课程的教学模式，构建课堂教学、网络教学和实践教学三位一体的高校"形势与政策"课程的教学新模式。

课堂教学。"形势与政策"课程教学的主要途径是课堂教学，课堂教学时数应该不少于"形势与政策"课程总教学时数的三分之二。传统的课堂教学模式，习惯于照本宣科式的满堂灌，这种教学往往陷入一种填鸭子式的教育，教师处于一种唱独角戏的角色，这种教学模式的优势是教师易于操作，缺陷是学生主体性难以体现，学生大多处于一种被动的地位，参与教学的程度较低，教学效果难以保证。要创新课堂教学模式，开展形式多样的课堂教学，如启发式教学、讨论式教学和专题教学。

启发式教学。启发式教学有利于克服传统教学方式的缺陷，能更好地适应新时期大学生身心特点，有利于增强学生的学习兴趣和提高学生分析与解决问题的能力，有利于激发学生的创新意识和提升学生的创新素养。启发式教学可以采取案例启发法、讨论启发法、问题启发法、情景启发法等形式。实施启发式教学：一要充分了解学生实际，这是实施启发式教学的基础和前提。二是精讲多练，这是启发式教学的重要手段，也是减轻学生负担的秘密武器。三要做好问题设计，这是启发式教学的重要环节，要弄清问题出现在哪里，还要注意问题要难易适度，这样才能起到好的教学效果。四要发扬教学民主，在教学过程中，教学双方要相互信任、相互尊重、相互配合，这样才能实现相互促进。

讨论式教学。开展讨论式教学，有利于培养创新型人才，有利于体现教学的民主性和差异性，有利于拓展学生的思路，提高学生分析问题的能力，激发学生的学习热情。讨论式教学可分为指导性讨论、交流性讨论、研究性讨论和辩论性讨论等形式。开展讨论式教学，要把握好以下几个环节：一是精心选题。教师要精心设计好要讨论的问题，指导学生如何收集材料和自学思考，让学生做好讨论的准备工作。二是展开课堂讨论，化解问题。在组织讨论时，教师要根据学生讨论的程度和进展，适时调整教学目标，较好地把握讨论的节奏，尽量让更多学生有机会参与讨论。三是交叉拓展，深化认识。讨论是学生发散思维的过程，在讨论结束时，需要师生进行思维整合，促使学生经过问题交叉融合之后，认识得以进一步深化。四是梳理点评，加深体验。学生讨论结束之后，教师要进行集中的梳理点评，对整个讨论过程进行回顾与总结，帮助学生澄清误解、理清思路、加深体验。

专题教学。鉴于"形势与政策"课程内容时效性和变动性特点，"形势与政策"课教学必须追踪热点，聚焦焦点，就"形势与政策"课程内容体系中的重点问题，加以梳理，形成若干个专题。开展专题教学，是"形势与政策"课程教学的一种很好的形式。开展专题式教学必须注意好以下几个环节：一是要认真调查，合理选题。选题时要摸清学生的思想动态和学生关注的热点焦点，再结合相关的形势与政策实际，确立和设定专题教学内容，专题内容要具有针对性。二是实施专题式教学之前，课程组要加强集体备课，博采众长，集思广益，形成优质教案，这是开展好专题式教学的重要保证。

网络教学。网络技术的出现，促使现代社会人们的生产生活方式和思维方式产生了巨大的变革，自然也给"形势与政策"课程教学方式的创新带来了新的机遇。开展网络教学，既能为教学提供丰富多样的教学资源，又能为师生开辟新的学习交流交往方式，同时还可提高学生的学习效率和积极性，加深对教学内容的理解，弥补课堂教学的不足。开展网络教学要注意贯彻以下原则：一要贯彻启发性教学原则。开辟学习思路，发展多维思维，促进学生广开视野和学习的深入；二要贯彻直观性原则。在网络教学环境下，网络上丰富的教学媒体和生动鲜活的教学素材为学生提供立体的知识背景，通过多种感官刺激，激发学生的学习热情，增强"形势与政策"课程教学的吸引力和感染力，让学生轻松愉快地享受学习；三要贯彻循序渐进性和系统性教学原则。通过建立一定的引导和索引机制，使学生依据自身已有的认知水平，由浅入深，循序渐进地系统学习；四要贯彻互动性原则。在"形势与政策"课程传统课堂教学组织形式中往往存在教学班级规模过大、学生人数众多、师生互动较弱等情形，网络教学可利用网络技术的优势，开辟多个通道，满足师生各类互动的需求，使教学活动更加丰富多彩，从而弥补传统课堂讲授的不足；五要贯彻学生主体性原则。开展网络教学要坚持以教师为主导，以学生为主体，始终围绕学生组织教学。以学生为认知主体，处理好教师与学生、学生与教学媒体、学生与学习内容的关系，促进学生全面素质的提升；六要贯彻巩固性原则。通过有效使用网络，帮助学生整理知识和把握逻辑，增强学生对教学内容把握的系统性和全面性。网络教学可采取网络平台建设、微信公众号、微课慕课等形式，这些不同形式，各有优势，教师可综合运用，最大限度发挥网络教学的积极效应。

实践教学。实践教学是"形势与政策"课程教学模式的重要组成部分，能够发挥思想政治理论课教学的理论认知、政治导向和思维能力综合提升等多重功能。在"形势与政策"课程教学中开展实践教学，有助于增强课程教学的吸引力，提升课程教学实效。在"形势与政策"课程教学中开展实践教学，要贯彻以下几个原则：一是要加强针对性。必须针对教学和大学生的思想实际，来确定教学内容和形式，避免盲目性；二是要注重实效性。开展实践教学，要合理确立教学目标，科学选择实践教学形式，避免在此问题上犯形式主义的错误，力求取得良好的实践效果；三是要追求时效性。"形势与政策"课程具有突出的时效性特征，根据这一特征的要求，实践教学必须反映社会发展的实际，体现时代特征，求得理论与实际的统一；四是要坚持灵活多样性。大学生是一个非常活跃的群体，其个性特征鲜明多样，因此，实践教学要有灵活多样性，避免在此问题上出现僵化。"形势与政策"课程开展实践教学要抓好以下几个环节：一是确立合理的教学目标。要结合"形势与政策"课程教学内容和教学实际，制定其具体实践教学目标，具体教学目标的确立要有针对性和可操作性；二是周密制定教学计划。制定教学计划，要反映教学活动的针对性和实践活动的具体性，包括实践地点的选择和教学时限的安排等；三是精选实践教学方式。选择何种实践教学方式，要由教学规律和原则、实践教学内容和目标以及实践教学的功能等因素来确定，体现实践教学的针对性、适用性和实效性；四是妥善组织管理教学。抓好实践教学的组织管理这一环，是保证实践教学取得良好效果的重要条件。要建立有效的领导机制,制定科学的管理制度和监控体系,为实践教学顺利开展起到保驾护航的作用;五是及时开展总结评估。对实践教学进行总结评估是实践教学的最后一环,及时梳理实践教学过程,评估得失,有利于巩固升华实践教学效果,拓展实践教学的价值。

### 四、改进考核方式,创新考核机制

鉴于"形势与政策"课程的时效性、变动性等特点,传统的闭卷考核方式很难全面、客观、真实地检测出学生对"形势与政策"课程教学目标所掌握达到的程度。为此,有必要创新"形势与政策"课程考核方式,以更好地发挥考核对评教评学和促教促学的双重功能。考核方式的创新应注重联系实际和灵活多样,做到"两个结合":第一,笔试与口试相结合。笔试易于考察学生对"形势与政策"课程相关知识的识记情况,其突出优点在于便于操作,缺点就是容易导致学生为考而学,临时抱佛脚,对学生养成勤于分析、深入思考的习惯和能力帮助有限。而口试便于考察学生分析思考和解决问题的能力。将笔试与口试有机统一起来,能更好发挥两种考核方式的长处,弥补彼此的不足;第二,全面性与全程性相结合,将教学过程考核与教学结果考核统一起来。鉴于"形势与政策"课程教学班级规模较大、人数较多、课堂教学时间集中、课程教学内容综合复杂性强等特点,有些教学内容的教学只能安排在学生课堂集中教学时间之外去进行。考核不能只局限于集中课堂教学结束时的闭卷结果的考核,还要采取相应形式对学生在集中教学时间之外的学习环节加以考核,做到对学生在整个教学过程的表现进行考核,以体现考核的全面性与全程性。考核学生对课堂集中教学内容和知识的掌握情况,可用闭卷考试,在集中教学结束前安排时间进行。对学生集中课堂教学之外的学习情况和学习内容的考核,可用更加灵活多样的方式进行,如:开卷论题式考核和互评式考核。实施开卷论题式考核前,教师联系当下国际国内实际和学生的兴趣,确立主题,要求学生围绕主题,收集资料,独立思考,形成自己的观点和想法,言之成理,佐证有据,不能抄袭。实施互评式考核,就是将考核权的一部分下放给学生,互评分为小组长考评和小组成员互评。具体做法是每个班分成若干个小组,每个组由小组长负责,先由小组长对每个小组成员日常参与教学的情况、承担的项目实施情况(包括小组成员在项目中承担的角色、教学活动参与以及完成的情况)进行考评,形成每个学生的小组长考评成绩,然后小组成员之间进行互评,小组所有成员对小组每个学生考评出一个成绩,在此基础上由小组长汇总计算出每个小组成员的小组考评成绩,这两个成绩的综合就形成每个学生的互评式考核成绩。这种考核有利于克服教师无法直接掌握集中教学之外的教学环节学生的学习情况的不足,也有利于发挥学生相互促学、彼此监督的作用。将笔试与口试、过程考核与结果考核等考核形式综合运用起来,建立多元化的考核机制,最后综合形成学生该课程学期总成绩。这样的考核评价,有利于克服传统单一考核方式所产生的弊端与不足,最大限度发挥考核对教学的促进作用。

# 第二节 以人为本推进高校教育教学管理创新

创新教育教学管理模式是推动教育事业更好地发展的保障。以人为本的管理理念顺应了当代社会发展的趋势，将其运用到高校教育教学管理中，对教育教学管理的创新与发展具有重要的意义。为此，作者以《以人为本推进高校教育教学管理创新》为课题，从开展以人为本推进高校教育教学管理创新的原因入手，对其实现以人为本推进高校教育教学管理创新策略进行了深入的探究。

## 一、开展以人为本推进高校教育教学管理创新的原因

众所周知，高校教育教学管理是高校工作的重要组成部分，对于促进高校发展以及在给学生创造一个更和谐、更有序的生活和学习环境中扮演着极其重要的角色。而要实现推进高校教育教学管理创新，首先应该保证能够坚定不移地以科学发展观为理论指导，并且始终坚持以人为本的教育理念，这样才能真正达到教育的要求。

以人为本是高校教育教学管理的根本诉求。以人为本的理念早已被提出，要想坚定不移地落实科学发展观，必须达到以人为本的核心要求，并且意识到为人服务、对人有利才是发展的根本目的和基本要求，还要保证所取得的发展成果能被人享有并且惠及全人类。高校是有计划、有组织并且能够开展系统性教育工作的机构，其目的就是为社会的发展提供保质保量的人才，以教育促进社会发展，也让社会的发展为教育提供教学指南。与社会上的企业相比，高校教育是一种为教书育人而设立的机构，其不以营利为目的，却对学生有一定的要求，要求他们能够遵守相关的规章制度。而高校的教育者需要掌握扎实的理论知识、教学技能和专业技能等，还必须具备高尚的职业道德操守，需要尽可能地拉进与学生之间的距离，实现与学生心灵上的交流和沟通。在高校领导、教职员工和学生这三个层级构成的群体中，人不仅是高校开展教育活动的主体，同样也是客体，人的双重身份使得教育管理更应该坚持以人为本。高等学校是对所有渴望获得知识的人开展高等教育的教育机构，是培养各个行业人才的重要场所。设立高校的根本目的就是培养具有创新能力的高级别人才。为了能够使高校教育达到这一标准，必须保证师资力量，这样才能保证所培养出的学生符合高级别人才的需要。"教授"与"学习"都是一个很花费时间和精力的劳动方式，既需要相对自由的学术氛围，又需要能够让教学环境有一定的宽容度，从而满足人文主义式的管理要求。

以人为本才能满足高校教育教学管理的实际需求。很多年以来，我国很多高校都致力于实现以人为本管理理念的要求，不断积极探索现代化教育教学管理模式和机制，并且从目前的情况来看已经取得了初步成效。然而，总的来讲目前以人为本开展的教育教学管理

工作并未从本质上使问题得到解决，人性缺失现象还较为突出。而产生这种现象的原因主要有三点：一是，教育教学管理目标不够完整。实际上，很多高校管理者经常讨论的话题不外乎是教学评估、如何升格、申请硕士博士以及争创名牌等，而教学管理的重点都放在了设备更新、维护、多媒体教室的建设和食堂、操场建设等问题上，而对"人"的问题关注的非常少。不可否认，这些问题都属于高校发展中的重要组成部分，但是与学生、教师这些主体而言，高校所开展的其他工作就显得相形见绌，还是应该放在"人"之后。以人为本的重点在于对人的尊重，学会换位思考和理解他人，才能依托于对人的全面管理来实现高校的稳步发展。二是，教育教学管理体制和机制行政化。高校是一个以教育为目的的场所，不是政府机关，在开展教育教学管理工作时要认清这个问题，不能使教育教学管理体制和机制朝着行政化的方向发展。很长一段时间以来，受到计划经济体制的影响，我国高校教育教学管理一直遵循着自上而下的直线式管理，强调的是上级领导下级，进行统一指挥，要求绝对服从，甚至存在以行政性管理替代学术性管理或者弱化学术性管理的趋势。基于当前高校的这种教育教学管理现状，使得教育教学管理不仅不能充分体现出各层级教学组织的价值和意义，而且也很难调动教师工作的积极性和学生学习的热情。三是，教育教学管理制度呈现僵化的特点。很多高校在开展教学的过程中逐渐形成了一整套涉及教育教学管理规章制度体系，在改善教育教学管理工作方面发挥了一定的作用。然而，由于受到这些条条框框制度的影响，教师在真正想对教学工作进行改革创新时会受到很多限制，不利于教育创新的实现。不仅如此，在这种约束下，还使教育教学活动展现不出活力，从而使整个教育教学管理工作的效果受到影响。

## 二、实现以人为本推进高校教育教学管理创新策略

要想真正地实现以人为本推进高校教育教学管理创新的目标，就必须清楚地认识到以人为本教育教学管理理念的重要性，逐步强化以人为本的管理理念，探寻更为人性化的管理模式，并且及时构建服务型的管理队伍，从而为教师和学生提供更高质量的管理服务，满足他们的实际需求，促进高校健康的发展。

探寻更为人性化的管理模式。所要探寻的更为人性化的管理模式，首先应该满足一定的要求：弱化行政功能，强化学术功能。高校是开展教育的场所而不是办公的场所，所以应该有意识地淡化官本位和行政权力，坚持专业化的治校理念，始终维护教授在教学管理中的核心地位和核心作用，赋予他们在高校教育教学管理中的权利和相关权益，避免"外行人指挥内行人工作"情况的发生。由独断专行向民主型转化。高校在开展教育教学管理的过程中要体现出民主性，不能独断专行，要保证教师能够享有基本的教学自由来开展教学改革创新工作，从而改变当前教育现状，为学生提供更优质的教学环境。能够由被动接受型转向激励型。管理分为被动接受型和激励型。激励属于更高级级别的管理方式，其取得的管理效果更好，同时对管理者的管理能力要求也更高。这就要求高校能够尊重师生，

不断完善教育教学管理规章制度，努力在原有的被动接受型管理方式上融入激励型管理因素，逐步实现由被动接受型管理向激励型管理的过渡。

构建服务型的管理队伍。即使传统教育教学管理在不断的发展过程中表现出了一定的优势，但是面对现代信息化管理还是存在一些过于烦琐、呆板的问题。身处信息化时代，高校教育教学管理应该以现代化教学管理理论为导向，对传统教学管理体制和机制进行改革创新，向实现教学管理现代化不断靠近。管理并不意味着压迫和绝对服从，其更倾向于一种服务性质，是以为教师和学生服务为目的的。这就要求管理队伍能够树立起以人为本的服务理念，在处理问题时要做到热情、耐心和细致。当然，为了提高服务的质量，还应该不断地提高管理人员的专业素养，提高他们的综合素质和业务能力，增强他们的职业道德感。与此同时，还应该构建并完善教学管理人员的目标管理责任制，激励并引导教育教学管理人员严格要求自己，以身作则，在对师生进行管理的同时不断深化教育教学管理的功能。

以人为本作为当代社会的一种新的管理理念，其顺应了时代的发展，将以人为本的管理理念运用到高校教育教学的管理中有利于高校教育教学管理的创新与发展。由此可知，《以人为本推进高校教育教学管理创新》这一课题具有重要的研究意义。

## 第三节 教育机制在高校艺术设计教学中的应用与创新

本节旨在探讨在新时代背景下，教育机制在艺术设计教学中所面临的机遇和挑战。同时根据教学中的实验反馈，从"宏观环境"与"微观环境"两个方面分别进行具体阐述。并总结出十点教育心得。我们不仅要学习教育前辈们在教育机制课题中研究所得的成果，同时也要在高校艺术设计教学中，不断地应用和创新教育机制的课题。并立足于教育机制成熟的两个基本点：首先是保持初心，其次是终身学习。才能将教育机制在教育教学中发挥出最大的能效。

教育机制是指教师在教育教学过程中的一种特殊定向能力，是教师良好的综合素质和能力的外在表现，是指教师对学生活动的敏感性，能根据学生新的、特别是意外的情况，迅速而正确地作出判断并及时采取恰当而有效的教育措施解决问题，由此表现出的一种敏感、迅速、准确的判断能力。范梅南认为教育机制是教师用来克服理论与实践相分离的概念，而不是促使理论转化成实践的工具。教育学教学不是教条的说教，也不是道德的劝诫，而是在教育实践活动中将学生引向"好"的方面。笔者认为，教育机制首先要求教师的教育初心，正如习近平总书记提到：教师是人类历史上最古老的职业之一，也是最伟大、最神圣的职业之一。人们常说："教师是太阳底下最崇高的职业。"因此，保持教育初心尤为重要，它意味着责任和担当，遇到问题，不怕问题，主动去解决问题，不能事不关己高高挂起，也不能破罐破摔，因为不进则退。由此出发，为教育教学事业贡献光和热，才能积极为教育教学事业做好充足的准备，并坚持终身学习，这就要求教育机制成熟的两个基本点：首先是保持初心，其次是终身学习。才能将教育机制在教育教学中发挥出最大的能效。

## 一、宏观环境中的准备工作

新时代背景下，对于教育教学的准备阶段，笔者认为主要有三个阶段：收集与共享资源，筛选与学习资源，引入与利用资源。具体体现在通过各种渠道最大限度地收集相关资源，建立属于自己的数据库，这是对专业人士自身的学术科研和教育教学的双重要求。然后学会共享资源，把资源通过各种平台再次分享给同行们，促进沟通与交流。其次针对教育教学方面，系统地筛选符合教学大纲的资源，进一步深入学习和研究，为教育教学做足准备。最后是将资源引入课堂的阶段，并利用相关资源，辅助课件，达到多维度的教育目的。

## 二、微观环境中的实践工作

导入话题，打破壁垒。由于三观的不断建立与完善，大学生具有青春期末期的叛逆思想和成年期的单纯的自信及逆反心理。所以在教与学之间，要及时打破壁垒。第一手段就是教学导入。事实上教学导入并不是陌生的话题，传统的导入方法多达20种。最常用的就是直接和直观导入，第一时间明确教学的重点和目标。然而笔者认为，教师自身的状态准备开始的时候，学生未必准备好。例行公事的导入，只会让学生产生"有了任务"的负重感和恐惧感。一节课45分钟，笔者把其分为三个阶段，分别分成三个15分钟。学生的注意力的高潮期往往在开始和结束的时候，中间会进入一个低潮期。所以把握开始和结束两头的时间尤为必要。开始的十五分钟用来导入话题，笔者的方式是以聊天的方式随意提出几个近两天发生的新闻，尤其是学生比较关注的新闻范畴，以此开始调动学生的注意力和积极性。进而见缝插针地真正导入一个知识点，引发疑问，开始本节课的教学工作。重点和难点则集中在15分钟之内分别教授，在学生进入低潮期的十五分钟期间，尽量进行"手机互动和课外案例拓展"（笔者将在后文有详细介绍），最后在剩下的十五分钟开始总结和回顾本节课的重点与难点。

利用同理心，拉近距离。其实教师与学生之间，并不存在敌对关系，也不存在领导与被领导的关系；但是却存在意识形态的代沟和个人对集体的客观矛盾。因此教师应该站在学生的角度考虑问题，消除学生意识中的所谓"敌对"关系，利用同理心，将学术与生活分开，在学术上严肃认真，在生活上"变回"正常人，不要总端着所谓"为人师表"的架子。以此拉近师生之间的关系，更能取得学生的信任感，这是增强学生对教师传授知识权威性和接受度的教育机制手段。

弱化教育主体与客体的关系。在传统的教育教学环境中，教师作为主体，学生作为客体，是一种主动与被动的关系。教师讲什么，学生听什么。没有任何选择性。网络不发达的年代，教师教授的内容对与错，很难及时得到鉴定和辨别。教师的权威性得到最大程度的保护。

然而笔者认为，这并不利于教育教学的良性循环。互联网文化盛行的今天，学生可以在课堂随时查看教师所表达的只言片语，甚至读错一个字，都会被无限放大在网络上。这也成为当今的教育工作者最大的焦虑之一，笔者认为，应该变劣势为优势，要认识到学无止境的基本原则，不断提升自身专业素质和能力当然是大前提，同时也要变被动为主动，弱化掉教育主体与客体之间的关系，放低身段，放下所谓的权威，与学生互相学习，共同进步。

教学环境的多元化。艺术设计类教学的环境一直是多元化的，从理论课堂到画室或者绘图室，从校内操场写生到校外写生，从街区考察到调查问卷，从教师示范到学术交流。但是笔者认为，应该开拓更加灵活新鲜的教学环境，例如利用联网教学，使同一时间同一门课的两个教室的教师与学生互相联网进行视频交流教学，形成一种映射和参照，把有限的空间，提升到一个无限的沟通领域中。一方面教师之间可以互相取长补短，另一方面学生之间也能形成好奇心和约束感。好奇心体现在对方的上课情况与学生外貌。约束感体现在羞耻心方面，互相可以产生攀比心理，最大限度地改善教学环境的死板和沉闷。

手机的利与弊。手机在大众群体的普遍应用，无疑是新时代的利好消息，然后对于学生群体，社会上普遍存在着很大的争议性，尤其是在教育领域，是很多教育工作者最担忧的问题之一。首先，手机比电脑更加方便携带，各种社交软件和新闻媒体平台，最大限度地分散着学生们的注意力。网络内容的新鲜感和爆炸性内容，显然令学生更感兴趣，阻碍了学生对于教学内容的关注度和接受度。上课期间低头看手机而不听课的普遍情况，使得教师非常痛心。笔者认为，既然是无法避免的普遍事实，不如变劣势为优势，加以利用。将每节课的教学内容，都尽最大可能地设置一些与知识点相对应的网络链接，随时可以调动学生通过手机获取相关内容，形成一种教育教学中新型的互动方式。

教材与课件。在很多高校，院系专业的具体课程，要求课件统一，作业统一，主要是考虑到避免教师之间的恶性竞争、学生之间的心理不平衡等因素。然而，教材是不断更新的，这就导致课件很难跟进，里面的图例大多是像素偏低的图片，案例也缺乏时代性，比较老旧，很难引起学生们的记忆点和共鸣性。笔者认为，教材的更新主要是偏重理论的更新，课件的更新在于图例和案例的更新。二者并不矛盾，教材指导课件，课件解释教材，同时更新，与时俱进。在此基础上，教师本身，还应准备除课件之外的拓展资料加以辅助，尤其是艺术设计类教学，需要大量的实际案例。

教学形式（板书与幻灯片）。传统的教学以板书为主，通常是教师讲授与板书同时进行，学生的期待感很强，也可以与老师一起同时思考和进行。这是传统板书的优势。随着时代的发展，电脑幻灯片的教学形式，逐渐成为了主流教学形式。第一，教学内容的承载量巨大；第二，教学内容的表现形式多元化，各种彩色图片，动态图片以及影像影音，为教育教学提供了更加便利的条件，教学成果显著提高。然而在艺术设计类的教学当中，笔者认为应该以二者相结合开展教育教学工作，以免造成"照本宣科"的教学环境，避免"放弃"了教材在课堂的主导性，又换汤不换药地"开启"了幻灯片课件在课堂的主导性。传统板书与学生之间的互动优势，并不过时，也绝不可丢弃。

实践课与理论课的矛盾。艺术设计类专业的学生，比起理论课，更加喜欢实践课，这是不争的事实。主要存在两点原因：首先就业的大环境决定了技术类人才更加热门，受欢迎程度更高。新时代对于劳动力的要求集中在员工的实际操作能力，而非理论研究。只有部分学术科研部门以理论研究为主，且要求的学生学历为硕博以上。因此对于专本科类的毕业生而言，掌握熟练的实践技能，直接影响了就业出路与薪资待遇。其次在教育教学的环境氛围中，实践课更加能增加师生之间的互动性，也能充分调动学生的主观能动性，比起理论课长时间地被动接受系统连续性很强的理论知识而言，实践课的灵活性更强，操作性更强，学生的手脑并用的学习方式，使得教学成果更加显著。笔者认为，通识教育在西方教育领域一直有着不可忽视和无法替代的积极作用。那么理论课作为通识教育里面的一个重要组成部分，在教育教学中具有深远的意义和作用。它能潜移默化地影响学生的意识形态，建立学生的思维模式，加强学生的记忆能力，提高学生的思维能力。正所谓理论指导实践，实践又反作用理论，二者缺一不可。

考核形式的危机。考核主要包括考试与作业两种形式。其实艺术设计类学生对于考试的反感程度，并非今时今日才出现的新课题。作为教师本身，在学生时代，也一度质疑艺术设计类专业的学生，理论考试的意义何在。然而，二者之间的关系是无法互相替代的，理论考试主要考察学生对于系统理论知识点的掌握程度，通过对学生试卷的解答情况，可以分析和判定，哪些知识点学生更容易掌握，哪些则更难掌握。这也是教育机制的一种隐晦的体现。教学大纲中的重点与难点，并非一成不变。还是要根据学生的实际反馈情况，来进行及时地相应调整。艺术设计类作业的形式多种多样，最受欢迎的无异于考察报告。然而笔者认为，考察报告可以作为考察方式之一，但绝不能是唯一。

如果说学历是进入教育行业的敲门砖，那么教学经验就是教育行业的试金石。其中，教育机制在教学实践过程中，不仅可以考察作为一名教育工作者，是否仍然保留进入教育行业的初心，对教育事业的热情，以及对教学工作的责任感。同时也能检验作为一名教育工作者的教学能力的提升，以及在教育教学工作中的创新精神。因此，教育机制在艺术设计教学中具有重要与深远的意义和作用。

## 第四节 高校法制教育教学模式创新

当前，高校大学生法制教育依然是一项任重道远的工作，其根本目的是培养高素质人才，是以育人为中心的思想政治教育工作。经过实地调研高校法制教育工作的现状，分析其影响因素，提出改进教学模式、改革教育环境、利用教育资源、创新教育手段等措施，促进当代大学生掌握法治模式和法治思想，实现法制育人的根本目的。

## 一、高校法制教育工作的背景

当前，我国全面依法治国道路正逐步铺开，执法懂法理念渗透于社会发展的方方面面，在不断完善的法治社会背景下，高校法制教育工作面临新的发展机遇，国家大政方针、法治理念越来越受到大学生的普遍关注。实际上，2010年《国家中长期教育改革和发展规划纲要（2010—2020年）》明确提出要提高教育教学发展的质量，促进教学模式的转变，激发学生学习的积极性，实现育人理念的创新。2016年《全国教育系统开展法治宣传教育的第七个五年规划（2016—2020年）》再次指出，高校是培养大学生的主阵地，而青少年的法制教育是国民教育的基础性工作，应科学规划法制教育工作，实现学以致用，切实增强法制教育工作成效。可见，国家一直把育人工作放在高校教育工作的首位，非常重视法制教育与法制宣传工作，希望高校能够在育人的过程中，促进法制教育工作落地生根，全面深化，开花结果。

在此背景下，为进一步弘扬社会主义法治，高校要积极推进法制教育工作的进一步规划与发展，健全全面育人机制，把培养创新型、高素质人才作为高校的首要任务执行，逐步完善大学生的法治理念，提升个人法治素养，落实依法治国理念，实施依法治校思维，以此为契机推动社会主义法治建设快速发展，构建高校成熟的法制教育环境，切实全面提升大学生的法律知识和法治观念。

## 二、高校法制教育的重要性

高校法制教育是通过高校开展教学活动，实施法治思维理念的引导式教育，大学生通过课堂学习，理解社会主义法治理念，懂得法治国家和新时代全面依法治国理念的重要性，具备法治思维和法治素养，促进法治行为的养成。高校目前的法制教育主要是通过教育资源和手段实施，法制教育的本质就是利用现有的一切教育资源和手段，使学生掌握法治脉络，了解法律在国家体系中的设置，理解国家的立法理念、司法制度、执法行为等法治基础问题，进一步培养他们遵法守法的理念，这也是高校开展法制教育的根本目的所在。

高校依托现有的人文环境，以法治素养的养成为基础，探索大学生法制教育工作中遇到的困难，改革高校法制教育工作方法，借鉴国外法制教育工作模式，完善自身教育工作的不足，对促进高校思想政治教育工作的全面发展，提升全面育人效果具有深远意义。

## 三、高校法制教育存在的问题

### （一）法制教育师资水平有待提高

高校从事法制教育工作的教师虽具备较高的学历，有着丰富的教学经验，但普遍缺乏法律素养，绝大多数高校的法制教育课程从属于公共课教研室，导致教师法律知识储备不充足。为了解决这个问题，多数教师自学法律知识或利用课余时间学习法学专业的相关课程，由于时间短加之本身没有系统接受过法律教育，理解上难免不够深入，使得在涉及法律相关内容讲解时，教学思路不清晰，教学内容讲述含糊不清。

这种法制教育教学模式造成一些教学内容呈现走马观花的形式，学生对法制体系的理解一头雾水，无法深入理解法制教育的知识点。有的高校师资力量缺乏，一名教师要承担多个教学班级的教学任务，每周的教学工作任务繁重，备课时间少，教学经验不足，教学手段应用不理想，缺乏积极的思考能力，不善于教学模式的改革，课堂教学效果不佳。有的高校甚至不重视集中备课环节，对于课前教学计划和相关准备要求甚少，不重视专业课教师的对外交流和培训，使得教学方式和教学技巧无法改进。

### （二）法制教育教学形式单一

目前，法制教育的课堂教学设计以讲授教材中的知识点为主，重点分析法治的逻辑关系，启发学生理解学习内容。高校教学活动仍以教师为实施主体，主导课堂活动，教学分为课前准备、课堂讲解、课中互动、课后温习、期末考试等阶段，学生仍处于被动接受的地位，缺乏自主学习的环境，当课堂互动缺乏时，课堂教学演变成"灌输式"的教学形式，学生完全脱离自主思考模式，教学模式弊端凸显，课堂教学缺乏新意。

2016年，《关于中央部门所属高校深化教育教学改革的指导意见》明确指出，高校要致力于重塑本科教学课程内容和教学体系改革，依托教学硬件条件，建设优质的在线开放课程，开展线上线下混合式教学，推进教学方式方法的变革。

## 四、法制教育教学模式创新策略

### （一）完善法制教育网络在线课程

高校法制教育目标是希望通过教育手段引导学生提升自主分析和解决问题的能力，为了实现该目标，高校教师要考虑采用学生喜闻乐见的方式，充分利用手机、电脑等载体开展教育活动。目前，大学生都有一到两部手机，每天使用手机至少2个小时。学校建立网络在线课堂，使得在线教学融入学生的学习生活中，他们可以利用碎片化时间，通过手机或电脑进行学习，这种方式顺应了学生的需求，是他们喜闻乐见的教学形式，可以实现提升学习效果的目的。

高校要加强法制教育在线开放精品课程的建设，通过MOOC和超星学习通等网络教学平台开发《思想道德修养与法律基础》在线课程。在建设课程时，教师应根据教学目标设计学习任务，使得学生能够理解所学内容。把所要学习的内容拆分为多个知识点，每个知识点录制10分钟左右的教学视频，并设置学生参与互动和回答问题的环节。在教学视频中设定启发式的任务点，启发学生参与知识点的提问回答环节，激励学生对视频教学内容进行回顾和总结。

在网络教学平台上建立教学班级，以4至8人为一组分成多个学习小组，通过学习视频中的知识内容，以小组学习的方式开展在线讨论和在线交流，教师预先设计问题并制定评价标准，在网络课程中设置学生参与学习以及在线讨论的权重分数，方便检验小组学习的学习效果。同时，在小组学习中要加入实际案例对所学内容进行补充，通过视频、音频和文本形式在线发放给小组进行讨论，教师及时在线解决学生学习过程中的困惑，实现学生在线自主学习，增强学习效果。每次学习后都要鼓励学生参与课程章节中的课后测验，这样的测验能够第一时间检验学生学习的效果，测验以选择题和简答题为主，答题数量在10个左右，便于学生通过手机或电脑迅速完成。

### （二）开展法制教育混合式教学模式

首先，在课前教学环节中要进行法制教育教学前的准备。课前利用网络发布通知，要求学生在网络平台中预先学习教师转发的网络教学资源，内容可以涵盖最新的法律案例、时政要闻、国家法治建设大事等，同时告知学生教师要在课堂上对这些内容进行检验，要求学生在课堂上进行分析和讨论，充分发挥学生的自主性。

其次，在课堂教学过程中要充分发挥学生的主体性地位，通过设计课堂互动教学环节，检验学生课前学习的效果，让学生评述案例，然后由教师引导在课堂上进行分组讨论，通过案例形成对法制教育内容的理解。教师作为整个课堂的引导者和协调者，职责是充分调动学生主动分析问题的积极性，引导学生积极参与到教学活动中，从中总结知识点并讲授给学生，促进学生对法制教育教学内容中知识点的熟练掌握，并对积极参与课堂互动的学生给予相应的课堂分数，计入平时成绩中。

再次，课后教学环节需利用网络教学平台建立课后测验题库，督促学生课后进入平台，随机抽取预先布置的课后测验，每人的测验题目都不相同，可以设计为填空题、简答题等，学生在线完成测验，形成测评分数，学期末进行综合排名，形成测评总分计入平时成绩。同时，平台也设置讨论和答疑区，学生有任何与课堂教学有关的建议和问题，可以在线进行讨论、学习和交流，教师通过平台与学生进行即时互动。

总之，法制教育课程的混合式教学有利于激发学生学习的热情，使枯燥的法制教育课堂变得灵活生动，充分调动学生学习的积极性，引导学生认真学习。

## 第五节　Web2.0 时代高校教育教学的创新

在 web2.0 时代的背景下，学习已不是传统课堂学习模式，而是建立在互联网技术手段基础上的广阔范围的学习。本节旨在探索如何在开放式的社会化网络条件下对教学平台和教学模式建构，并根据实际操作过程中存在的教学方法的滞后、学习方式的困惑、硬件设施和网络资源建设的薄弱等问题，提出高校要更新观念加强培训，提升信息应用的整体能力；搭建移动学习平台，构建评价和控制体系；加大投资力度，推进校园数字化建设的改进措施。

近几年，随着被称为 Web2.0 的新一代互联网信息技术的不断发展，以信息化为特征的教学环境的构建和教学资源的建设，正不断改变着传统高校教育教学的思维、观念和方法，以教师、课堂、书本为"三中心"的传统教学模式被广大教师和学生所质疑。教师不但要传授学生以知识，还要给予学生以自主学习能力，学生也逐渐由过去单纯的信息接收者和使用者，转变为信息的传递者和创造者。为适应这种高度共享信息化资源的变化趋势，传统的教育教学模式必须要改革，而改革的重要途径就是构建新型的信息化教育教学模式。

Web2.0 环境下，网络的社会化程度非常高，例如博客、微博、社会书签、资源分享网站、社交网络等应用层出不穷，为学生提供了极为丰富的学习资源和强有力的技术保障。在开放式的社会化网络中，老师与学生可以进行充分的交流沟通，形成参与性、动态性的学习环境，个性化开放式共享型的学习活动不断出现。

## 一、Web2.0 时代教学理论依据和现实需求

基于此，笔者认为构建基于 Web2.0 的新型教育教学模式具有充足的理论依据和迫切的现实需求。

### （一）建构主义教学理念和 Web2.0 特性不谋而合

进入 Web2.0 信息时代以后，主张以学生为中心，强调师生交互手段的建构主义学习理论在教育教学技术实践发展中逐渐占据主流位置。构建主义理论的中心思想认为学生的知识获取，并不仅仅通过教师的讲授，而应借助外部（包括教师、学生、社会）的支持，在一定的社会文化背景下，积极利用必要的技术手段，通过自身主动的学习构建获得。Web2.0 技术可以把不同媒体、新旧信息进行整合，学生按照自己的实际情况选择学习内容，提高学生的主动性自觉性。Web2.0 技术还有利于学生进行合作化学习。师生都可以把自己的研究成果在信息化平台上进行共享，不受时间空间制约的信息交流，培养学生的合作精神和良好的人际关系能力。

### （二）激发学生学习兴趣培养学生自主学习能力

在传统的高校课堂中，学生只能被动地接受专业教师的程序化知识传授，无法选择课堂教学内容和接触其他高校优秀教师、企业职业经理人的知识传授。学生通过 web2.0 时代的互联网取得更多新的知识，就可以解决这个难题。打破了时间和空间的局限，改变单纯从教师或课本获取知识信息的单一格局，培养学生能动学习和比较好的利用网络知识的本领，从而在更大范围内获取知识，扩宽学生的知识视野，进一步激发学生的学习兴趣，培养学生的参与意识。

### （三）教学资源的共享教学成本相对较低

知识传授、互动及创造活动需要多方互动，在传统的学习及知识创造场景下，需要知识传递方和接收方共同在场，从而对时间有着严格的要求。计算机网络所具有的信息容量大、信息传播快等优点，是其它教学设备没有办法可比拟的。通过网络的资源共享，实现低成本的知识互动，使得知识供应方一次分享、知识获取方不受时间限制的多次、多人受益，同时对场地、设备等没有额外要求，成本更低。

### （四）跨越师生空间距离链接行业直通教学

现在很多高校新校区远离市区，远离教师居住区，使得以前教师课后深入教室和寝室当面指导学生的优良传统难以坚持，移动数字课堂利用互联网络和数字传播技术可以解决师生难以普遍化持续性当面交流的问题。数字媒体传播在新闻界和企业界的应用最为直接和广泛，通过数字媒体可以建立起连接行业资讯与专业教育的数字媒体课堂，大大缩短专业教育与行业实践的距离，大大加强专业教育与行业实践的联系。

## 二、Web2.0时代教学平台设计和教学模式构建

### （一）教学平台设计

教学平台是一个面向学校教务管理人员、教师和学生，为其提供服务的教学管理系统。教学平台建设与设计将会促进教师改革教学内容与教学方法，引发学生学习方式变革，提高高等学校教学质量。笔者把基于web2.0技术的教学平台分为两大模块：教学共享资源库、互动交流系统。

教学共享资源库是一个包括学习资源库和实训项目资源库为基础的共享型专业教学资源库，包括专业标准资源、IT信息资源及工具、网络课程资源、项目案例及实训资源、多媒体素材及教学视频、专题特色资源、核心能力测试题库，通过数字化校园网络平台的支撑，为师生、合作企业和社会学习者提供资源检索、信息查询、资料下载、教学指导、学习咨询、就业支持、人员培训等服务。所有教师与学生在网络平台上建立个人空间，实时上传教师教学过程资料，学生学习过程资料，实现教学资料的积累与共享。

互动交流系统是教学平台的主要部分，实现学生作业上传与批阅，师生在线答疑与交流等功能，主要包括在线交互（虚拟社区）、作业管理和在线评测等子系统。该系统为客户提供博客、Wiki、BBS、网上调查等读者交流、互动的个性空间。博客既可以系统表达自己观点、看法，也可以浏览其他博客作者的文章，获取系统化的显性知识。微博的内容更短，时间成本更低，内容更鲜、丰富，提供了一个日常"观察"、"聆听"知名学者、企业家和经理人所做所思、所察所闻，通过"耳濡目染"的方式学习显性知识和大量需要观察、互动、体悟才能获得的专业性隐性知识的机会。维基百科是一个任何人都能参与、有多种语言的百科全书协作计划，通过维基百科获取相关的定义、分类、描述、理论介绍

等文献知识。社交网络主要是熟人之间在社交网络平台建立朋友关系，用户发表自己的日常的行动、观察、思考，同时也了解朋友的行动、观察和思考。

### （二）教学模式的构建

基于web2.0的教学模式主要有以下几种类型。

传授型教学模式。为促进学生对课程的理论理解，可以采取传授型教学模式，即把教学计划、课程内容、讲义或课件放到web2.0平台，供同学下载学习，同时发布学习要求和作业，采用同步式或异步式的方法，进行课程指导，学生的参与度较高。

问题型教学模式。教师把教学内容设计为具体的责任和任务，要求学生通过完成任务实现对课程内容的学习；教师利用博客提供课程背景资料和评价，要求学生在学习和思索中形成问题的看法和见解。

协作型教学模式。以学习社区或团队的形式，利用共享的学习资源，教师仅起到引领作用，主要依靠学生的主动性来完成项目，最后教师给予团队做出总结性评价。

自主型教学模式。充分发挥学生的自主学习能力，让学生建立自己的博客和微博，加入社区，充当管理员，发起讨论，运用自己所学知识拓展自身的知识领域，完善知识结构，构建自主化的知识体系，把研究成果加入到学习社区，丰富教学资源。

## 三、Web2.0时代教育教学存在的问题

web2.0的技术进步给高校的教育教学改革提供了完美技术保障，但在实际的操作过程中却并不完美，存在诸多问题，集中归纳在以下几个方面。

### （一）教师教学方法的滞后

教师由于长期采用传统的教学方法，形成了固定的教学思维定势，未能深刻理解web2.0时代的教育教学特征，只是机械地把课本的内容简单复制到电子课件上，使用多媒体进行讲解传授，没有真正实现与学生的互动，激发学生主动学习热情。或者教师过于关注教学节奏，追求课堂内容的"多、快、新"，导致学生无法消化吸收课堂内容，学生在学习过程中，没有自己独立思考和寻找知识的时间和空间。

### （二）学生学习方式的困惑

新的教学平台的应用也给学生带来不适应，许多学生未能掌握新的学习方法，对待web2.0的相关教学工具不知道怎么使用，由于缺乏自主学习和与人沟通能力，无法把线上学习和线下学习进行有机组合，达不到预期的学习效果。网络环境虽然对学生自学非常有帮助，但是其网络学习材料并没有科学合理的分类，大多数学生主要还是依靠教师进行课程的指导和分派任务，还不是真正意义的自主学习。

### （三）硬件设施和网络资源建设的薄弱

部分高校的硬件设施不完善，环境嘈杂，监督机制不完善，校园网覆盖率尤其是无线网络覆盖率和带宽不足，造成学习效果大打折扣。还存在着多媒体的使用频率过高的问题，多媒体变成了web2.0教学的主角，自主学习知识反而成了配角；多媒体课堂教学也逐渐形成一种固定的web2.0教学模式，学生会产生厌烦情绪。部分高校虽然积极开展网络资源的建设和软件开发，但网络资源获取比较困难，受到多媒体课件制作的工艺水平的制约，网络课件普遍质量不高。

## 四、Web2.0时代教学改革的对策

基于在运用web2.0开展教育教学改革过程中出现的问题，笔者结合目前高校的现实情况，提出以下改进策略。

### （一）更新观念加强培训提升信息应用的整体能力

面对信息技术的飞速发展，学生的需求呈现出多样化和个性化趋势，这就要求作为传道授业的广大教师必须更新教育理念，优化教学内容、课程体系、教学方法和手段，熟悉掌握各类信息交流工具，充分利用Web2.0平台与学生进行交流沟通。可以采取岗位技能培训、专题讲座的形式，对教师的信息软件应用能力进行培训，提高教师的教学水平。同时，也应加强对学生的信息素质教育，提升学生应用信息工具的能力，促进教学质量整体提高。

### （二）搭建移动学习平台构建评价和控制体系

积极采用基于云计算的数字移动学习平台，实现全天候的自由个性化学习与沟通。平台的设计可以根据学校和学生的实际情况进行选择，如利用博客、微博、BBS等手段，学生畅谈学习的苦和乐、交流学习资源。针对web2.0制订人才培养方案、教学实施细则、学习评价体系和教学质量控制系统，注重与传统的教学评价控制体系的融合，保证使Web2.0教学与传统教学取长补短，互为补充，形成一个相辅相成的有机系统。

### （三）加大投资力度推进校园数字化建设

Web2.0教学改革离不开数字化校园建设工作，各级教育主管部门和电信通讯企业加强对校园的信息工程建设的支持。可以采取以点带面，分步实施的方法，从重点教学区域开始实现数字化网络覆盖，再推进到生活服务区，最终实现校园网络的全覆盖。做好资源整合，利用已有的相关移动通信设备，在移动互联网和智能手机快速发展趋于普及的背景下，可以随时随地登录网络，通过账户的形式，实现从公共网络访问校园网络。根据使用者的主观操作和各级别用户的需要，如教师账户、学生账户、行政管理人员账户，对校园的资源和权限进行分类管理。

# 第二章 高校教育教学的基本原则

## 第一节 高校教学原则新探

从我国新时代高校教学的视野，对科学性与思想性相结合原则、启发性与创新性相结合原则、专业性与综合性相结合原则、理论与实际相结合原则、教学与科研相结合原则等高校的几个基本教学原则作探讨，彰显出高校教师做好教学工作的一些新意蕴。

高校教学原则，是指高等学校教师从事教学工作必须遵循的基本要求。它是根据高等教育目的、任务和教学规律提出的，是高校教学实践经验的概括和总结。

我国高校的教学原则，是根据我国的教育方针、高等教育的任务和高校的教学规律，批判地继承了古今中外的高等教育遗产，特别是总结了我国社会主义高校教学实践经验的基础上提出的，对我国高校教学实践具有积极的指导作用。高校教师正确贯彻教学原则，是全面完成高校教学任务，提高教学水平和教学质量的重要保证。

高校的教学规律是客观存在于高校教学过程之中内部诸要素的本质性联系。高校教学规律的作用一般是通过教学原则对教学现象的本质解释来体现的，而高校教学原则是高校教学过程客观规律的反映，它是人们在认识高校教学规律的基础上，根据一定社会的教育目的和高校的教学任务，经过一定的理论加工而提出的高校教学工作的基本要求。高校教学的基本规律，主要有：专才教育与通才教育统一规律、间接经验与直接经验统一规律、掌握知识与发展能力统一规律（教学的发展性规律）、传授知识与思想教育统一规律（教学的教育性规律）、教师主导作用与学生主体作用统一规律等。

目前，在我国《高等教育学》中关于教学原则的名称、数目及其体系，还没有完全统一的意见。不过，在我国高校教学工作中具有广泛指导意义的、确实被公认的和体现时代性的教学原则，我们认为主要是：科学性与思想性相结合原则、启发性与创新性相结合原则、专业性与综合性相结合原则、理论与实际相结合原则、教学与科研相结合原则等。本节试图从我国新时代高校教学的视野对这几个教学原则作些探讨。

### 一、科学性与思想性相结合原则

科学性与思想性相结合原则，是指我国高校教学要以马克思主义为指导，坚持社会主义人才培养方向，向学生传授科学知识，并结合知识教学对学生进行德育，以完成立德树人的根本任务。

我国高校教学的科学性与思想性是辩证统一的。高校教学的科学性是思想性的基础，思想性是科学性的内在属性和重要保证。这一原则是高校教学的教育性规律的充分反映，是高校培养"德、智、体、美等方面全面发展的社会主义建设者和接班人"的必然要求，使高校立德树人的根本任务得以落实，体现着中国特色社会主义高校教学的根本方向和特点。

贯彻科学性与思想性相结合原则的基本要求：

## （一）高校教学要确保科学性，向学生传授知识

高校教学的科学性，是高校教师向学生"传道授业解惑"的知识内容必须是科学的、正确无误的。为了便于学生理解教材知识，教师授课力求通俗易懂、生动形象，打比方、举例子、看视频，或者为了开阔学生学习眼界，向他们介绍不同的学说和观点等都是需要的，但要保证科学性，不要庸俗化、低俗化和极端化，更不能有违背国家宪法和法律的言行，不能向学生传播错误的思想观点、内容。此外，教师一旦发现自己的授课中有错误，要及时纠正。

## （二）高校教学要贯穿思想性，对学生进行德育

高校教学的思想性，是高校教学中内在的能够对学生思想政治道德品质产生影响的特性。整个教学中教师要根据不同学科课程的特点对学生进行德育（思想政治道德教育），充分发挥高校教学"立德树人"的教育性作用。从内容上看，一是理想信念教育，包括马克思列宁主义、毛泽东思想、习近平新时代中国特色社会主义思想等方面教育。二是社会主义核心价值观教育，引导学生树立正确的世界观、人生观和价值观。其中，高校教学要引导学生牢牢把握"富强、民主、文明、和谐"作为国家层面的价值目标，深刻理解"自由、平等、公正、法治"作为社会层面的价值取向，自觉遵守"爱国、敬业、诚信、友善"作为公民层面的价值准则，将社会主义核心价值观内化于心、外化于行。三是中华优秀传统文化、革命文化和社会主义先进文化教育，弘扬民族精神和时代精神。从形式上看，一是高校思想政治理论类课程教学，要充分释放对学生直接进行德育的强大作用，让学生坚定马列主义和毛泽东思想信仰，用习近平新时代中国特色社会主义思想武装头脑。二是高校其他人文社会科学、自然科学类等课程教学，要积极挖掘不同学科教材的思想性，在教学中对学生渗透德育。例如，文学、历史学、艺术学等学科类课程教学，要充分利用其蕴含丰富的德育因素（如"爱国、敬业、诚信、友善"），潜移默化地对学生进行德育；理学、工学、农学、医学等学科类课程教学，要强化对学生进行爱国主义情感、科学精神和科学态度等方面培养，促进学生树立勇于创新、求真求实的思想品质，以达成"课程思政"目标。

### （三）高校教师要不断提高自身的专业水平和思想修养

高校教师要不断钻研业务，不断提高自己的专业水平（专业知识、能力等水平），养成严谨治学的科学态度，形成科学的世界观和方法论，并运用于把握教材内容，指导教学实践。同时，高校教师要以德立身、以德立学、以德施教，不断提高自己的思想道德修养，充分利用自己对学生潜移默化的影响作用，结合所教学科的特点创造性地对学生进行思想政治道德教育。只有这样，才能保证高校教学的科学性与思想性的统一。

## 二、启发性与创新性相结合原则

启发性与创新性相结合原则，是指高校教学要充分发挥教师主导作用和学生主体作用，"注重学思结合"，调动学生学习的主动性、积极性，激发学生的积极思维、创新思维，促进学生在融会贯通地掌握知识的同时，培养创新精神和创新能力。

高校教学坚持启发性与创新性相结合原则，目的是为国家"培养具有社会责任感、创新精神和实践能力的高级专门人才"。

贯彻启发性与创新性相结合原则的基本要求：

### （一）高校教学要调动学生学习的主动积极性

高校教学中，教师要充分调动学生学习的主动积极性，包括学生的学习动机、兴趣等。这是学生学习的内在动力，是学生学习主体作用发挥的首要条件。同时，针对部分学生学习目的不明确和责任感不强的问题，教师还应对学生的学习目的、态度等方面进行启发引导教育，增强学生学习的责任感和使命感。

### （二）高校教学要激发学生的积极、创新思维

孔子说"不愤不启，不悱不发。"启发的关键在于创设一种问题情境。所谓问题情境"指的是一种具有一定困难，需要学生努力克服（寻找达到目标的途径），而又是力所能及的学习情境（学习任务）"。学生的积极思维和创新思维常常是由问题情境而引起的。高校教师要根据课程的教材特点和学生的学习实际，在教学过程的各个环节，都要考虑如何从教学的重点、难点来创设问题情境，以激发学生的积极思维和创新思维，并采取具体的措施、切实实现。例如，教师授课时要启发学生敢于对某些已知事物产生质疑而再思考；敢于否定某些自己一向认为"是"的事物，通过再认识，发现其中的"非"；能进行"由此及彼"的思考，朝着前向、逆向、纵向、横向的发散思维；发扬教学民主，开展课堂讨论，鼓励学生各抒己见；实验（实训）中引导学生创造性的设计、报告等。这样进行教学，有利于培养学生的创新精神和创新能力。

高校教学的启发性、创新性要以学生掌握知识为基础，并同发展学生学习的认知能力（观察、记忆、思维、想象等能力）、探索能力和实践能力等方面的结合。同时，教学要"注重因材施教"，关注学生不同的特点和个性差异，发展每个学生的优势潜能和创新能力。

教学要有创新性，很需要教师有创新意识。对此，李培根说严复有一段话"其于为学也，中国夸多识，而西人尊新知。"中国人认为懂得的东西越多越好，学到的东西越多越好，而西方人尊崇新知，即新的发现、创造或创新。今天我国政府和大学都很强调创新，但大学教师做研究真正凭好奇心驱动的很少，而好奇心更能驱动创新。另外，他认为"创新教育不是奢侈品"。创新教育不只是重点大学的事情，也是高职、中专、技校的事情，它们也有能力培养学生的创新技能。同样，创新教育也不只是优秀学生的事情，每一个大学生都有创新潜能，只不过很多学生的潜能还没有发挥出来罢了。

### 三、专业性与综合性相结合原则

专业性与综合性相结合原则，是指高校在实施专业教育的教学过程中进行综合化教育。这是一条反映高等教育本质特性的教学原则。

高等教育是一种专业教育，以培养学生将来从事某种专业（行业）工作为目的，也就是为社会培养各级各类的高级专门人才。

当前我国高校实施的专业教育，是根据学科领域（如本科教育12个学科门类、高职教育19个专业大类）和社会行业（职业）部门的分类而设置专业，其教学组织单位为院（系）等。高校的教学过程主要是围绕着专业而展开的，并且随着学生年级的提高，教学过程中的专业理论知识的传授和专业技能的训练所占的比重也越来越重。

高校实施的专业教育，是现代科学发展高度分化和社会分工的产物。同时，要看到科学发展的高度综合和社会分工的整合趋势，对高校人才培养提出了综合化的实然要求。相应要求高校教学的专业性和综合性的结合，为社会培养专业知识扎实、综合素质高、实践能力强的高级专门人才，这也是高校教学"专才教育与通才教育统一规律"的集中体现。

贯彻专业性与综合性相结合原则的基本要求：

#### （一）高校教学要扎实进行专业教育

我国高等教育（学历教育）应当符合的学业标准是：第一，专科教育应当使学生掌握本专业必备的基础理论、专门知识，具有从事本专业实际工作的基本技能和初步能力。第二，本科教育应当使学生比较系统地掌握本学科、专业必需的基础理论、基本知识，掌握本专业必要的基本技能、方法和相关知识，具有从事本专业实际工作和研究工作的初步能力。高校本科、专科（高职）的各种专业培养方案（教学计划）、各门课程和各个教学环节，都要根据上述标准扎实地进行专业教育，提高专业人才培养质量。

#### （二）高校教学要适切进行综合化教育

我国高校教学在专业教育中进行的综合化教育，可分为两大类型：一是通识课程贯穿于大学生的四年或三年学业之中进行。二是通识课程集中于大学生的一、二年级学业之中进行。从中培养大学生的人文、科学（科技）等方面的综合素质，也提升了大学生专业学习的基础。还有的高校是按学科大类进行的综合化（复合型）教育，即某一学科门类的综合化教学。

当前，值得审视的是我国部分高校教学在推进综合化教育中，存在着学科专业教育及优势被弱化的突出问题。对此，我们很需要回归大学之道——遵循高等教育的人才培养规律，大力重塑高校的学科专业教育，也就是高校教学在以实施学科专业教育为主的同时，适切地进行综合化教育。

例如，我国首批"双一流"高校的建设，必然是建立在一流学科的基础上的。这次双一流，无论是一流高校还是一流学科，都突出了学科建设的要求。即便是双一流大学，也都需要落实具体重点建设学科。这些本质上都在引导高校检讨自己的优势与特色，而不是什么专业学科都去做、都去建设，这显然是对过度综合化的一次调整，一次对高校的重新塑型。

## 四、理论与实际相结合原则

理论与实际相结合原则，是指高校理论知识教学要联系实际进行，"注重知行统一"，引导学生从中去理解和运用知识，从而学以致用和培养实践能力。

理论与实际相结合原则，反映了我国高等教育目的（方针）的要求和教学的间接经验与直接经验统一规律。学生学习的理论知识，主要是间接经验、书本知识，是人类的已知真理。这就要求教学注意理论联系实际，防止理论与实际脱节。

贯彻理论与实际相结合原则的基本要求：

### （一）高校教学要联系实际传授理论知识

高校教师在传授理论知识时，首先要讲清基本理论（理论知识的重点、难点），同时还要讲清产生这些基本理论的实践基础和这些理论的实际运用。因为各门学科课程的特点不同，所以教师授课联系实际的内容、方法也不同。教师对理论知识的传授，要联系的实际有诸多方面，如学生的知识、能力、思想实际；科学知识在经济建设和社会发展中的运用实际；科技特别是高新科技的运用实际，等等。

### （二）高校教学要加强实践性环节及训练

高校教学的理论联系实际，要通向生产（产学研）、社会实践等。通过课堂讨论、案例分析、模拟、实验、实习实训、社会实践、毕业论文（设计）与综合训练等环节让学生参加教学实践性活动，达到印证理论、应用理论去分析、解决实际问题和培养实践能力的目的。

高校教学为了加强实践性环节，课堂讲授应当"少而精"，重视知识的简约化、结构化，让学生重点掌握本学科、专业必需的基础理论、基本知识和基本结构（方法）。要构建高校课堂讲授与实践（实训）整合化的教学模式，更加重视大学生学习本专业必要的基本技能、实践能力和就业创业能力的培养及训练。

同时，高校应通过校际联盟、校企（行业）合作等途径来助推实践性教学的实施。例如，2017年由广西大学发起成立、全区34所高校加入的"广西高校新工科研究与实践联盟"，提出聚焦广西发展战略重点，面向当前和未来产业发展需要，主动优化学科专业布局，促进现有工科的交叉复合、工科与其他学科的交叉融合。要突破"围墙思维"，主动对接地方经济社会发展需要和企业技术创新要求，深化产教融合、校企合作、协同育人。要增强学生的就业创业能力，培养大批具有较强行业背景知识、工程实践能力、胜任行业发展需求的应用型和技术技能型人才。

最后，要强调的是高校教学的理论联系实际，必须正确认识教学中理论与实际的辩证统一性，既要防止理论脱离实际的教条主义，又要防止以实际代替理论的经验主义。当前，我国部分地方普通本科高校向应用型发展的教学改革尤其要防止经验主义。

## 五、教学与科研相结合原则

教学与科研相结合原则，是指高校把科研引进教学，培养学生的科学精神、科学态度、科学方法和科学研究能力。这是一条反映高校教学特殊性的教学原则。

19世纪初，德国的洪堡提出具有划时代意义的大学理念："通过科研进行教学"和"教学与科研统一"，并在他创办的柏林大学付诸成功实践。从此，这一理念成为世界各国大学普遍推崇与共同遵守的原则。

当今，我国重点大学（"双一流"大学）与一般大学，本科院校与高职高专院校的人才培养层次，虽然有明显的区别，但科学研究作为高校人才培养的有机组成部分，则是所有高校人才培养教学过程的共同属性，它反映了高校教学过程的特点和规律，也就是"教学与科研的结合渗透在高等学校教学过程的一般形态中"，以适应新时代中国特色社会主义建设对创新人才培养的客观诉求。

贯彻教学与科研相结合原则的基本要求：

### （一）高校教学和科研要全程性融合

从其活动的过程来说，一方面是高校教师将科学研究的宗旨、方法、手段及成果体现于教学过程的各个环节，实现教学过程的科研化；另一方面是高校教师将教学目标、内容、环节等结合到科研过程之中，实现科研过程的教学化，从而达到"教研融合"。在高校教研融合过程中，教师要及早引导大学生参与科学研究。国内外教育实践表明，大学生早期参与科学研究，既是培养创新人才的重要途径，也为促进学科发展和提升科研水平提供了生力军。大学生参与科研不仅给教师带来启示和反思，有助于促进教师科研和教学水平的提升，而且也直接促成了研究成果的产出和学科建设水平的提高。在国内外高水平大学中，大学生通过参加科学研究和技术研发取得创新成果（如发表高水平论文、申请发明专利、研发实用系统、社会调查咨政等）的事例并不鲜见。

从其活动的途径来说，一是结合各门课程的教学，尤其是专业课程和提高性的选修课程，在经常性的各种教学活动中实现同科研的结合。教师把最新的科技信息和科研成果引入教学中，如中国科学技术大学"把课堂设在科学研究最前沿"。又如，教师在中医学类专业教学中向学生介绍中国药学家屠呦呦获得诺贝尔生理学或医学奖的巨大科学成就——《青蒿素的发现：传统中医献给世界的礼物》；教师在物理学、天文学专业教学中引导学生注视美国科学家对"引力波"的最新发现等。教师在教学中如能向学生呈现在一些科学技术上和新时代国家建设中亟待解决的难点问题或者重大问题，对于引发学生的科学探求和创新意识，培养学生的科研志向，是很有裨益的。二是通过课程论文或设计、毕业论文或设计以及某些为培养科研能力而开设的课程，如文献检索、科学研究方法等课程实现同科研的结合。三是结合教学组织学生参加学术、科技、生产、社会调查及"三下乡"服务等实践活动，也是有效的科研训练方式。这种教学与科研融合化的模式，对于学生来说有利于加强专业基础、拓展知识面和提高创新能力，尤其有利于培养科研能力及科学精神、科学道德和科学方法，不断提升人文和科技素养，增强为新时代中国特色社会主义建设做出贡献的使命感和责任感，也为学生的自主创新发展和可持续发展奠定基础。

## （二）高校教师要提高科研水平和能力

高校教师要一手做教学，一手做科研，也就是"教研相长"——"结合教学做科研，以科研促进教学"。教师在教学中，只有坚持不懈地做好科研工作，才能提高自身的科研水平和能力，并促进教学水平和质量的提高。教师只有做好科研工作，才能不断地将自己研究的新成果体现在教学内容中，才能真正实现"教学与科研统一"；教师也只有有了足够的科研经验，才能更好地指导学生的科研活动。

例如，河北农业大学的几代师生以科教兴国、科教兴农为己任，从农林学专业理论知识教学的实际出发，创新实践教学路径，走出校门、走向农村、走进农民，服务"三农"，长期扎根山区，"把论文写在太行山上"，综合开发太行山，走出一条科研进山、振兴贫困山区的"太行山道路"和"太行山精神"，让科研成果转化为农民沉甸甸的收获，为贫困地区群众脱贫致富做出了突出贡献。

李保国教授是河北农业大学优秀教师中的杰出代表。李教授毕生躬耕太行，30多年里先后在贫困山区推广36项实用技术，累计应用面积1826万亩，培育农业科技人才千余人。丰硕成果的背后是艰辛的付出。单是土质治理，李教授和他的团队就整整研究了十几年……他被同事和学生誉为"太行新愚公"，"把最好的论文写在了太行山上"。尽管每年在太行山区蹲点半年多，他仍然承担着校内不小的教学任务，尤其是他一直坚持给本科生上课。不管外出多远、时间多紧，他总能及时赶回学校，没有耽误过一节课；为了激发学生学习的积极性、创造性并促成学以致用，他甚至把课堂搬到山上，在果园里给学生上课。"我们都知道他很忙很累，但他坚持要求排满自己教本科生的课程。他说教授给本科生上课很重要，能帮助学生们从一开始就爱上农林专业。"

上述关于高等学校的几个教学原则，都有其科学依据、内涵和作用，从不同方面对高校教师的教学工作提出了基本要求。但这些教学原则又是相互联系、相互作用的，是一个有机统一的整体，不能孤立地看待每一个原则。高校教师在教学工作中既要把握每条教学原则的精神实质，又要重视把握教学原则的整体功能，全面地加以贯彻，创造性地综合运用，以提高教学水平和教学质量。

## 第二节 现代高校教学制度的价值理念与创新原则

制度建设与实践创新作为高校教育教学和人才培养质量的重要保障，是尊重高等教育规律，培养学生创新精神和实践能力的需要，也是办人民满意教育、建设创新型国家、构建和谐社会的需要，现已成为高校教学改革的重要研究领域。高校教学制度创新的供给侧亟需更新，以适应诸多需求带来的巨大挑战。分析教学中存在的制度问题，探讨教学运行、教学管理、教学服务的理念基础、价值精神和创新原则，有利于健全立德树人落实机制，扭转不科学的教学保障与评价导向，建构以培养德智体美劳全面发展的人才培养体系。

制度一般指要求大家共同遵守的办事规程或行动准则，也指在一定历史条件下形成的法令、礼俗等规范或一定的规格。教学制度作为一种特殊类型的制度，与一般的社会经济、政治制度本质上是一致的，都是一种规范体系。制度的制定是为了更多的人创设适应有效教学的制度环境或者教学环境，也是对少数不当教学行为的约束和限制。良好的教学制度能够保证教学活动按照预期的方向顺利、有序进行。教学制度是提高教学质量的关键环节，分析教学中存在的制度问题，探讨教学运行、教学管理、教学服务的理念基础、价值精神和创新原则，有利于建构创新人才培养的保障机制。

### 一、现代高校教学制度构建存在的问题

高等教育的发展已经实现精英教育向大众教育转化，教育的规模与数量发生了翻天覆地的变化。高校教学制度的建立和完善变得越来越困难，一方面，高校之外的学习变得越来越简单，途径也越来越多，在很多专业领域，维基百科、TED视频、应用程序、在线课程、论坛、游戏及聊天室迸发出来。智能学习系统的开发和应用场景在高校教学中也非常常见，相比传统教学，在线课程，混合课程几乎建立在完全不同的原则基础之上，学习时间更自由，教学材料更丰富，内容被切割成更多的小块。这些都鼓励了那些学习自觉性更高，教师、辅导员、教学管理人员依赖甚少的学习者，网络、电子资源成了他们学习的中心。在斯坦福的一门慕课中，来自全世界的400名学生完成得比斯坦福大学最优秀的学生还要好。换言之，斯坦福最优秀的学生被一帮自学者打败了。另一方面，教学制度中的评价系统也正在发生变化。可汗学院在提供与教材匹配的在线课程的同时，通过数据控制器检索所有学生，获取大数据信息，学生的网上行为被一一记录，时长、频次、作业完成时间、反馈

及时性，等等，有助于帮助教师全面把握学生的学习成效。姑且不论数据分析器是否存在道德考察和伦理考量，学生和教师确实在此评价系统中受益，对于看得见的提高，师生皆大欢喜。学生的学业表现被网络公示后，激发了学生更用心的创作。这些变化都弱化了教师教学管理者的作用，也弱化了传统教学制度的功能。在高度解析化的社会，传统教学制度面临土崩瓦解的危机，我国教学制度改进的理论和实践应对表现出滞后性。

我国已经成为了世界上高等教育规模最大的国家。2017年，全国各类高校2 631所，高等教育在学总规模3 779万人，高等教育毛入学率达45.7%，正在快速迈向高等教育普及化阶段。新一轮科技革命和产业变革扑面而来，新产业、新技术、新业态、新教育正迎接新的未来，国家创新发展和产业升级对人才的迫切需求前所未有。人才培养的政策环境与制度保障面临着更高要求和巨大挑战，然而，制度建设需要的理论支撑、人才支撑、平台支撑却依然相对不足，供给侧结构已远远不能满足教育需求侧结构的需要，尤其是不能满足当前高校人才培养的需求。

### （一）教学制度创新的理论支撑及科学化不足

我国现代教学制度除从古代《学记》等经典教育典籍中获取外，主要来自国外高校教学经验，大多从美、英、俄、日、德等教学发达国家引入，但结合我国本土高校、立足本土思维的制度理论研究缺失，而国外的教学制度在试用和探索阶段容易出现"水土不服"和"走弯路"的状况。在有限的对大学教学制度研究的著作和论文中，大多探讨教学管理的基本流程、制度建设的常识性知识和操作性程序，而缺乏系统化的理论研究。多数学者从工作需要的角度出发，强调教学及管理的操作性层面革新，集中在组织制度和激励制度等方面的探讨，理论深度不够，尚未形成全面的教学制度研究框架。部分高校教学制度建设一直处于探索阶段，其研究未受到足够重视，难以形成系统性的规则体系，经验管理痕迹依然很重，距离科学管理的路程还很远。

### （二）教学制度建设的研究组织和平台发育不充分

现代大学已经加快了科学研究、科研发展的步伐，很多高校设置了高等教育研究处、发展规划处、发展研究中心和相关研究室等机构，但研究大多定位为宏观政策研究，对具体微观的教学制度，主要还是在教务处，教学研究室等部门，通过长期的办学实践，陆续出台了有助于科研发展的规章制度，有效激励了科研成果的孵化。相比而言，教学的制度建设、制度研究、制度实践本应由参与教学活动的群体共同负责的工作被片面地看做是教学管理部门的职责，教务处成了既是制度研究主体，又是制度执行的主体，没有形成全校多元研究和教师群体共同关注的研究对象，很多学术造诣高的教师、研究型的科研组织很少关注教学质量和相应制度的建构，对教学及其教学保障相关制度的热情明显低于对科研成果的追逐。这也使得教学制度研究深度不够。伯尔曼指出"一项制度要获得完全的效力，就必须使人们相信制度是他们自己的"，在就需要吸纳多元利益相关者共同研究教学制度，多元共建的制度是"经得起重新谈判的考验"的教学制度。

### （三）教学制度改革创新的路径创新不够

教学制度需要适应人才培养，尤其是创新人才培养的现实需求。受"路径依赖"和传统行政化思维的影响，集权式的制度生产方式，往往缺乏制度生成的创新路径，使得大学教学管理制度存在制度适应不良，忽视教育教学和大学教师身心的特殊性，难以有效培育大学教师良好的教学行为"。当前，制度的文本数量已经超越了以往的任何时期，大学通过制度的刚性和约束作用，适应了管理的需求，却忽视了育人的保障，制度控制的刚性容易导致教学管理制度的非理性增长，控制代替了激励，教师会有消极的情绪，学生会产生逆反心理。良好的管理应当"既有纪律，又有自由；既有统一意志，又有个人心情舒畅"，在教学管理的制度生成和过程执行中，需要创新更多的制度生成路径和实施路径，让控制与教学自由之间达到一种平衡，刚柔相济，统而不死，放而不乱，既要有教师和学生的接受度，又让师生在育人过程中充满获得感。

### （四）教学制度创新的方式方法单一陈旧

大学教学人员作为具有主观能动性的"理性经济人"，他们的教学行为选择要受到个体情感需要和物质利益需求的影响。制度设计需要从分析主体、时间、空间、文化、心理等因素入手，掌握并运用有效的基本方法，对教学习惯或已有条件进行更新。然而，由于制度依赖和惯性思维的影响，任何变化均需要付出相当的工作量，甚至会因为调整一定的利益格局，制度创新往往成为费力不讨好的实施，经久不变的陈年旧法即便大众都知道有问题，有漏洞，但由于制度创新的方式方法单一成就，很难提出建设性的创新方式方法，难免会造成主观主义和命令主义的错误倾向，不易及时把握教师和学生的感情，造成激励无效，影响师生教学积极性和教学绩效。制度之间的衔接也缺乏相应的机制，因而选择适当的方法，并有效组合，从而达到事半功倍的效果。我国高校教学制度建设大多采用借鉴历史、整合其它高校教学制度为自己所用的方式，缺乏制度创新的合理性解读程序，没有很好地开展深入系统的研究和实践，制度具有局限性、稳定性和不确定性。

## 二、高校教学制度建设的价值理念

历史制度主义认为制度是一种"连续的结构"，社会学制度主义认为制度是"文化规范"和"认知框架"，理性选择符合学校教学实际的制度框架文本，把制度建设成"规则的集合"。目前，保证教学质量和提高教学水平已成为高等教育改革的主要内容。前者是大学内部功能定位所决定，后者是人才竞争中的市场确定。在加强高等教育教学改革研究的同时，推进教学管理制度建设，克服制度建设固有顽疾，发挥制度建设在管理、评价、诊断、反馈中的积极作用，切实解决大学人才培养中的实际问题，为教学改革提供良好的制度环境，已是不容忽视的问题。通过制度的设定，逐步转变教学思想、教学内容、教学方法等内容的人性观、教学观和管理观，树立高效教学管理制度建设的新理念，是推进和切实保障教学改革的重中之重。

## （一）坚持立德树人的理念

德为才之资，树人先立德。习近平总书记在全国教育大会上指出，"培养什么人，是教育的首要问题"。高校具有人才培养、科学研究、社会服务和文化传承的四大功能。人才培养是其最核心，最根本的功能，贯穿于其他各项功能之中。大学作为高素质创新人才培养的重要基地，要准确把握立德树人的深刻内涵和实践要求，并将之贯彻到人才培养全过程、全体系和全环节之中。未来世界的竞争，归根结底是人才的竞争，科技的竞争，特别是创新人才的竞争。人才培养的质量提升取决于三方面的因素：观念、制度、人才。"观念形成现实，历史是观念的竞争而非利益的竞争"。管理观念的来源主要是管理对象即人性假设的发展演变，从以控制奴役为主的"宗教人"发展到以管理效率与技术趋向的"经济人"，再到如今以知识创新与资源增值的"知识人""创造人"。高校建设和改革的基本出发点是"以人为本"，落实立德树人的根本要求，准确把握高等教育基本规律和人才成长规律，让学校所有工作都能真正回归常识、回归本分、回归初心、回归梦想。首先在全校上下统一"以人为本"理念中对教师和学生的人性假设，现代高校师生首先是具有知识水平，探索能力和创新精神的"学术人"和"知识人"。"办学以教师为主体，教学以学生为中心"，归根结底管理制度的设计是"为人"服务，切实加强制度的"为人性"和"育人性"。

## （二）全面协调与可持续发展理念

人才的培养是全面发展的人才培养，当前，基础教育负担重，高校学生负担相对较轻。教育部部长陈宝生也指出，要狠抓大学教学质量，坚持科学发展观，落实"以本为本，四个回归"，确保教学工作的中心地位。制度的"普适性"要求制度设计必须统筹兼顾，综合协调，而教学制度的指向性则要求制度设计在人才培养过程中应充分适用，切实扭转当前评价的四唯倾向，建立科学合理的多元评价机制。从现实来看，当前高校效益来源，还很大一部分依靠学生学费收入，部分大学存在扩大招生规模的激情，缺乏注重质量的理性。加强规模与质量相互匹配，在制度设计上促进规模、质量、结构、效益协调发展，正确处理和保障教学与科研的协调关系，以科研带动教学，以教学促进科研；改善师生交往关系，从以教师为中心转向以学生主动发展为主，"学生中心、持续改进"，充分对话交往，发挥教学民主。

## （三）质量优先与质量保障理念

习近平同志指出，中国特色社会主义进入了新时代，我国经济发展也进入了新时代，基本特征就是我国经济已由高速增长阶段转向高质量发展阶段。质量优先是质量时代的产物，强调高质量发展，意味着人才培养的高质量供给、高质量需求，高质量资源配置、高质量投入产出。教学管理的质量既包括教学质量、人才培养质量、公平道义的关注以及制度文化建设等。质量是制度建设优劣得失的重要指标，把握和关注这些质量要素是良性制度建设的前提。教学制度作为教学工作的重要保障，是对学生学有所得、学有所成的全面负责。我们所说的质量是全面发展的质量，其维度是立体，多元和动态的。不仅仅是知识质量，要建立健全具有参与性、公开性和透明性的各项工作制度、管理制度和评价制度，使学校的质量精神成为全体师生共同遵守的行为准则，自觉为学校的质量目标和质量方针实现而努力。

## 三、高校教学管理制度建设的创新原则

关于制度的形成，施密特提出了一个强大的"观念性逻辑概念"，即制度形成的根本动力来自观念，其直接动力在于基于观念而生成的话语。高校教学管理制度需要根据人才培养目标和规格要求，尊重传统又不拘泥于传统，适度的维持与适度的创新组合。高校教学制度的创新，一是有赖于主体的自觉和理解，尊重制度的规范作用与引导作用，承认制度的价值并自觉遵从和执行。二是有赖于内生需求和动力，制度建设本身有追求"健全和完善"，力求理性与德性相统一，追求制度的理性和张力。三是有赖于周期性的等待与坚守，如万物有周期，制度的优劣得失需要时间检验，也需要时间去被认知和认同，在改革与坚持之间应当有静待花开的耐心，避免制度建设一直在变动之中。因此，我国高校教学管理制度建设既要有辩证的思维，又要有科学的理性，追求创新又坚持原则。

### （一）继承与创新相结合原则

管理的核心内容是在现有管理效能基础上有所提升，维持是基础，创新是方向。维持是保持现状，是求变创新发展的基本和载体。制度的发展需要保存制度的延续性和稳定性，否则就会让制度环境不可捉摸，主体也会显得无所适从，教师和学生在人才培养的努力中，容易缺失努力的参照和方向。尊重传统制度的管理优势，运用现有教学管理中的优秀经验，尊重现有运行模式，将经验管理进行科学化转化的一个必要环节就是，教学管理经验的制度化、标准化和专业化。教学单位和相关部门需要改革教学管理制度，一方面，要正确对待"破"和"立"问题，谨慎推进和大胆创新相结合；另一方面，也必须承认，创新毕竟是一个过程，既非流行的口号，也非终结的目标。必须充分考虑大学人才培养的实际，把握办学和教学的规律，仔细思考部分制度"维持"和坚守的意义，既不能不顾办学规律蛮干，又不能固守成规，一成不变。既不能为创新而创新，又不能不顾办学实际，完全否定延续的制度体系。大学制度创新需要在局部突破时牢牢把握住其它部分的维持，创新是维持基础的发展，维持是创新的逻辑延续。

### （二）制度建设与实践创新相结合原则

"星星会固定地按照自然法则运转不同，人类在法律之下却有着自己自主的行为选择"，教学管理制度不是固化的文本形式。创新的前提就是调查研究和理性思考。创新是一个逐渐完善、螺旋前进的过程，创新是在规范基础上的创新。制度建设始终是规范层面

的东西，必须通过不断的实践探索、科学创新才能把制度建设中的相关思想落到具体的实践中。通过实践的创新探索，不断总结经验，又为进一步的制度建设提供有力佐证，并为丰富制度体系奠定基础。教学管理制度的变革性和创新性已经在人类教育活动实践中所应用，还将继续成为一个生机勃勃的规范体系。保留制度中富有成效、合理的内容，实现教育的可持续发展，必然要有制度建设的创新精神和勇于实践探索的精神。

### （三）整体把握与细节处理相结合原则

教学管理制度是一个复杂的制度系统，在制度设计时要充分把握全校教学工作的整体框架，面向全体教师和学生，关注教学的所有环节与基本条件，从整体把握教学管理的内容体系，同时又要重视制度设计的论证，充分考虑具体制度细节的可操作性与可测量性，确保制度运行合理有效，既全面管理又重点把握。细节处理是整体把握的必要保障，在整体中注重细节，在细节中体现整体。制度的建设和完善需要充分考量决策层、执行层、监督层的彼此衔接，在不同的制度体系中，还需要注意交接界面的细节把握，既要注重制度体系中的内部环节的一致性和有效性，同时还要注重外部制度和内部制度的彼此呼应，教学制度与人事制度，财务制度、后勤保障制度之间也需要衔接和配合。

### （四）民主与集中相结合原则

"制度建构了个人选择方式以及对行为的有效塑造"。信息时代的到来，人与人之间越来越透明，教学行为也越来越被可视化和可量化。教学制度中既要充分尊重决策的强推进性，同时也要注重师生个体在教学行为中的表现特征，注重师生在教学中的话语权与表达方式。集思广益和众筹智慧越来越被教学决策者重视。数字化校园越来越重要，数字化、智能化管理普遍存在教学过程之中，个体被行为数据分析得越来越透明，人与人的差异被解析得越来越透彻，用普遍的制度去约束或引导教学行为的难度越来越大，教学中的民主正受到制度倒逼和技术倒逼，教学制度在创新和被创新中砥砺前行。

大学作为底蕴厚重的学术机构，是一个松散联合的组织系统，校院系及各学科专业之间在教学管理流程和方式上也存在巨大差异，教学人员的情感机制和教学运行的复杂网络，也很难依靠统一强硬的教学管理制度达到理想的管理效果。哲学家温迪·楚指出，程序将会成为一切"不可见的却又有着巨大影响力的事物"的强有力的隐喻，制度为了保障程序的公正合法，需要随时关注这些"看不见的手"。与此同时，数字化社会的到来，诸多新兴技术正在倒逼高校教学改革，诸多以人为本的教学创新正在变成现实，如同人工智能汽车能够提升道路安全性和使用率，其正向价值显而易见。但是，为此我们也要为无人驾驶修改诸多的制度，交通法、保险制度、基础设施配套，等等。教学创新和改革变成现实之后，我们同样需要在如此自由和个性化的校园，提供更丰富的教学制度，我们需要一种新的制度性结构与之相适应，我们面临教学方式、内容、方法和智能化技术手段的冲击、解析和解体，甚至包括教学组织形式的解体，教学制度的建设专家逐渐也将面临更多的现实问题，有些问题可能我们甚至毫无头绪，在构建现代大学制度基础上，如何提高现代治理能力和教学管理水平，依然是个永恒的话题。

## 第三节 高校教学管理如何贯彻以人为本原则

高校是教育事业的主阵地，其教学质量的高低与社会的发展有着直接关联。高校教学管理作为高校管理工作的重点领域，需要贯彻以人为本的理念，这既是实现培养高质量人才目标的需要，也是教学互动正常开展的重要保证。在高校教学管理工作中贯彻以人为本理念应突出以教师为本，以学生为本，建设一支有人本理念的管理队伍。

### 一、以人为本理念与现代高校管理

"以人为本"的理念是中国共产党在发展真理的道路上实现的新突破，摆脱传统以物为发展中心的观念。传统的发展理念将物质财富的增加作为社会进步的物质标准，没有充分注重人的发展和人的自由度问题，出现了"见物不见人"的现象。新时期"以人为本"打破了这一发展的标准，把人的全面发展作为社会发展与进步的标准，更多地将人作为各项工作的中心，以追求更加和谐的社会关系。以人为本的思想是一种系统概括的思想，指导社会发展和各种管理事物，不同领域有着不同的体现形式。对于高校教学管理领域而言，坚持以人为本思想的管理，就是以师生为主体，追求师生全面发展和自由发展，从师生的自我管理基础出发，按照教育的整体目标引导教育教学活动，通过组织师生的不断努力实现全面的自由发展的管理。

### 二、高校教学管理中贯彻以人为本原则的现实意义

高校教学管理是"建设、改革和管理"的有机融合，是通过一定的管理程序和管理手法对教学活动进行规划、组织、指导和控制，最终实现教学目标的过程，涉及内容广泛，是高校管理工作的重中之重。高校教学管理贯彻落实以人为本原则，确立以学生和教师为中心的管理模式，有利于激发学生和教师的学习工作积极性，有利于各项工作的开展，具有以下几个方面的优势：

有利于调动多方的积极性。高校管理涉及到的三个最主要的管理因素，学生、教师和管理人员，组成了高校教学管理体系。以人为本的贯彻落实还需要更好地发挥三者的关系，充分调动工作积极性和创造性，发挥更好的管理效果。高效的教学管理模式，需要从招生注册开始，细化教学计划、教学过程、学籍管理等环节的框架，符合实际，科学可行。以人为本的高校教学管理，做到以学生、教师和管理人员为核心，从人的利益角度出发，维护好、尊重好、实现好人的各种要求，得到人的认可，才能真正发挥管理体系的学习工作

热情。

有利于创新人才的培养。创新是发展的核心动力,没有创新也就没有新技术新思想,发展也就失去了动力。以人为本的高校教学管理扩大了创新人才培养的有效途径,因为学校本身就是培养创新人才的地方,全面发展、具有创新思维和创新能力的人才对于社会发展来说至关重要。以人为本的高校教学管理突出了创新意识教育,强化主观创新观念,不再束缚和限制个人的发展,以充分的发展自由刺激创新能力的发展。以人为本的高校教学管理还转变了传统的人才观念,以更加符合时代需求的模式进行人才培养,摒弃陈旧落后的课程设计,增加现代化的内容,以新发展和新成果引导学生发挥主观能动性,提高创新能力。

有利于多层次的教学管理。教学工作是高校的基础工作,教学管理则是保证基础工作顺利开展的关键。以人为本的教学管理从制度上和规范上都与社会需求紧密结合,围绕科学管理体系健全了管理层次,进一步明确了具体的管理职责,教学过程中各个方面都能按照既定的方式进行,活动双方也有更强的参与性,提高了教学活动的质量,更提高了教学管理的效率。

## 三、高校教学管理中以人为本原则的具体要求

高校教学管理是一个庞大而复杂的系统,最主要的管理对象包括教师、学生和管理人员。高校的教学管理又是一个全面的系统,体现了以人为本的思想,管理对象相互关联又独具特色。高校教学管理以人为本的原则主要突出在以下几个方面:

高校教学管理要突出以教师为本。要在高校教学管理中突出以人为本的原则,就必须将以人为本的目标细化,明确具体的管理措施,把以人为本落到实处而不只是停留在理论上。在教学管理中,以人为本原则主要表现在以教师为本上。确定教师的地位并明确教师的职责,充分为教师着想,维护教师的根本利益。

贯彻以教师为本的原则,首先要从教学活动中肯定教师的指导作用。教学活动作为一种社会活动,具有改造客观世界的作用。教学活动中,教师是主导者,是实践者,更是改革者。学生是教学活动的客体,也是实践对象和改革对象。教师的主体地位决定了相应的职责,教师要实践教学活动,要进行教学活动的设计和指导,也就是说教学活动是教师的"主战场",突出以教师为本的原则,就要在教学活动中突出教师的导向作用,这个导向作用主要体现在教学内容、教学方法和教学组织的设计与实施中。

高校教学管理要突出以学生为本。教师的主体地位体现在教学活动的主导作用,那么相应的我们也需要肯定和重视学生在教学活动中的主体作用。坚持以人为本,学生在教学活动中的中心地位坚定不移,高校教学管理要处理好师生之间的关系,达到最好的教学效果。

首先,学生是教学活动中获取知识的主体。在教学活动中,学生要学习新知识,掌握

技能，提高思想道德品质，提升综合素质能力。所谓教学，教是为了学而存在的，教的效果也直接体现在学生的学上，教学质量也就是学生学习质量，这一系列的活动都体现在学生转化知识的行为方式上，所以说学生在教学活动中有着不可忽视的重要性。如果说把学生作为知识的"容器"，学生始终处于一个被动的状态，知识的转化过程几乎没有学生的参与，教学活动怎么可能协调进行，学生也得不到应有的发展。因此，教学管理中，要明确突出以学生为本的原则，将教师的导学和学生的主体作用相结合，强调以教师为本的主导作用，同时也不忽略以学生为本的学习过程。相应的，如果学生不会学习，不去主动地学习，教师采取的教学手段也得不到任何效果，也就无法突出以教师为本的主导作用了。

其次，要注重教师与学生的互动过程。现代教学理论中对于教学活动中师生关系有了更加科学的观点，因为师生之间的沟通为知识的流动提供了一个良好的"网络"，双向地调动了教师和学生的参与积极性，学生在与教师的沟通中，主体地位充分体现出来，学生感受到自己受到了更多的重视，增强了学习的信心，建立了更强的师生信任度，有利于教师的教学手段达到预期目标。

再次，学生是充满活力的。学生在学习活动中主体地位的体现就是能动性，这个能动性极大地反映了学生的活力。如果教学活动中，每一个学生的优点和特点都得到了表现，学生会感到自己受到了更多的尊重，从而激发学生的潜力实现更加全面的发展。学生的活力还不仅体现在课堂上，还体现在课堂外的各项互动，所以以学生为本，更要注重学生的全面发展，自学能力的培养、创新意识的培养和实践能力的锻炼，都需要在教学管理中得到落实，这样才能让学生行使选择和发挥的权利，主动发展更加积极更加全面。

高校教学管理需要一支有人本理念的管理队伍。由于受传统观念的影响，专业知识的缺乏，在部分管理者的理念和思想中，还没有真正树立服务理念，仍然重管理轻服务，缺乏与教师、学生的沟通与交流的能力，这种缺乏"人本管理"的理念既不利于激发师生的教学热情和内在潜能，也不利于管理人员在工作上创新，不适应现阶段高校改革和教学管理发展的需要。在高校教学管理中贯彻以人为本原则，还需要建设一支有人本管理理念、专业知识娴熟、具有一定的组织管理能力和管理协调能力的高素质管理团队。他们能结合当代高校教学实际情况发现问题并及时解决问题，有科学的决策能力，对高校教学活动有一定的调控功能，并且不断更新先进的管理手段和管理理念，以适应不同社会环境下的管理工作。

总之，高校教学管理中，首先要确立服务意识，服务于人才是真正将人作为工作发展的中心。其次应给管理者提供发展空间与培训机会，学习科学的管理理念和管理手段与方法。再次就是要明确管理目标，想学生所想，解教师所急，满足教学活动发展的各种条件，让师生在良好的环境中都能得到充分的发展。

## 第四节　基于教师专业化的高校教学质量监控原则

教师专业化与教学质量监控是教育实践研究中的热门与焦点问题，在厘清二者内涵，分析二者相关性的基础上，经研究，高校教学质量监控应遵循以下三个原则上下贯通，即：以上级要求为依据与以教师意见为参考相结合；动静结合，即：进行常态化的相对稳定的量化考核与实施动态的评价过程相结合；宽严相济，即：严格按照教学质量监控标准及程序实施评价测量与进行弹性管理相结合。

在高校系统的教育教学过程中，师资队伍质量是影响教育教学质量的关键，教学质量监控是保障教学质量达到预期目标的管理活动，高校在实施教学质量监控过程中，应避免因制度标准的统一性、程序性以及不灵活性导致的阻碍教师专业化发展的弊端，充分发挥标准规范的考核对教师专业化的引导与促进作用，实现高校以质量谋发展，以质量促发展的目的。

### 一、内涵阐释

教师专业化。教师专业化，最早提出是在1966年联合国教科文组织和国际劳工组织的《关于教师地位的建议》。我国教师专业化的提法，最早在1993年《教师法》中规定"教师是履行教育教学职责的专业人员"，之后，于1995年确立了教师资格证书制度，加强了对教师专业地位的确认，促进了教师专业化的发展。

教师专业化的内涵，因对其考查的视角不同，而体现出差异性。对于高校教师发展而言，教师专业化指教师通过传授学业知识实现良好的教学效果，使学生在德、智、体等方面全面发展，为社会培养合格人才。对于高校人才培养目标而言，一是体现为高校教师因具有丰富的专业知识而成为某一学科的专家，二是肩负着教育学生成为有用的社会人的重担，要培养学生正确的世界观、价值观、人生观。

基于以上分析，可以得出，教师专业化是教师在教育实践中持续进步的动态发展过程。不仅包含教师专业知识的不断学习与充实，也包含教师职业态度以及教育教学方法的持续改进，其核心体现为教师内在专业结构的改进与教学水平的提高。

教学质量监控。教学质量问题一直是各高校关注的焦点，在我国高等教育大众化的形势下，教学质量监控问题也受到越来越多高校的密切关注，不仅是研究的热点也是亟待加强的重要工作。教学质量监控指的是计划、评价、监督、反馈以及调节的全面持续运行过程，高校通过依据上级教育部门的相关规定要求，制定相应的教学标准与规范，评价、监督教育教学过程的各个环节，包括对学生学的监控、教师教的监控以及教学管理过程的监控等全方位。其可以概括为以提高教育教学质量为目标，促进高校的教育教学工作按预期的计划进行并最终实现培养目标的活动过程。

## 二、相关性厘定

教师专业化与教学质量监控在内涵上具有差异性，但二者也存在密切的相关性。

二者的关联性。从各自内涵看，虽然教师专业化与教学质量监控因针对具体问题的角度不同而呈现出差异性，但二者也存在密切的相关性。首先，二者目标的一致性，教师专业化与教学质量监控的最终目标都是提高教育教学质量。其次，二者内涵的相互包含，对教师教育教学的评价是教学质量监控的重要内容，教师通过专业化发展也是实现监控标准，提高教育教学质量的有效保障。再次，二者运行过程中的相互扶持，教学质量监控对教师教育教学行为制定了标准与规范，该标准与规范不仅是教师专业化发展的要求，也对教师专业化发展起到引领的作用，因此，教师专业化发展能够促进教学质量监控目标的实现，教学质量监控的实施也推动了教师专业化发展进程，二者相辅相成。

二者的不适应性。教师专业化与教学质量监控因最终目标都是提高教育教学质量，而具有目标一致性，然而，在教育教学过程中二者体却现出不适应性。一方面，教师专业化发展是动态过程，具有自身的规律，在教师发展成长的不同阶段，会体现出专业水准、专业理想等各方面的差异性。而教学质量监控却只能以制定出的较为优秀的教师的教学行为及效果作为评价标准。另一方面，由于高等教育本身的特点，学科知识的复杂性，高校教师的专业知识、能力和素养会存在差异，高校教师在教育教学理念、方法以及专业追求等方面会体现出一定的独特性。可见，教学质量监控在促进教师专业化发展过程中存在诸多不适应的环节。

## 三、原则分析

鉴于以上分析，在教学质量监控过程中应贯穿以考核标准为纲与以人为本相融合的理念，既要考虑质量监控标准与规范的制度约束作用，也要考虑教师专业化发展的动态性过程，在发挥教学质量监控规范作用的同时引导与促进教师专业化发展。

上下贯通。上下贯通原则主要是指以上级要求为依据与以教师意见为参考相结合。教育过程的复杂化致使教师专业化不是单一的过程，教学质量监控不仅要尊重上级部门，比如国家、地方的教育发展政策与规划，制定高校的教育教学质量监控标准，同时也要关注教师的感受和需求，在教学质量监控标准制定与实施监控过程中加强与教师的沟通，将教师在教育教学过程中的总结体会以及对教学质量改进的意见建议作为提高教学质量监控与管理活动的重要参考，从教学管理层面发挥教师对教学质量提高的重要作用。

动静结合。动静结合原则主要是指进行相对稳定的常态化的量化考核与进行动态评价相结合。作为教学管理活动的教学质量监控工作，必须有监控的标准作为依据，考核标准的科学化、量化有助于考核的实施，并且考核标准要具有一定的稳定性，质量监控的实施也要形成常态化。然而，鉴于教师专业化的动态性与阶段性特点，其影响教学质量的重要因素不是仅仅依据程序化、量化的考核方式就能够测量与控制，因此，在监控实施过程中应针对教师专业化的不同发展阶段，体现出评价的动态性特征以及教师的进步性特点。

宽严相济。宽严相济原则主要是指严格按照教学质量监控标准、程序实施与进行弹性管理相结合。一方面，要严格按照相关政策文件要求以及高校办学实际，制定科学合理的质量监控标准规范，并实施严格的质量监控以保障日常教学的正常运行，另一方面，对监控目标实施严格考核的基础上体现管理的弹性化。比如，对于教师按时上下课，按程序调停课，课程开课学时数以及开课学期等的监控要严格按照要求落实；而由于教师因处在不同发展阶段所体现出来的专业知识、专业态度等的差异性要区别对待。因此，在教学质量监控过程中应针对教师所处的发展阶段及整体工作状态，对高校教师实施弹性管理，在质量监控过程中考虑到不同教师所处的发展阶段，对其教育教学行为进行差异化的考核评价。

教师专业化是提高教育教学质量的基石，是一个不断趋于完善的发展过程，在教学质量监控的实践中应秉承制度规范与人文关怀相结合的理念，消除教学质量监控对教师专业化发展的不利因素，提高教学质量监控对教师专业化发展的促进与引导作用，这也是广大教育工作者需要在实践中不懈努力与奋斗的目标。

## 第五节　高校创业教育课堂教学体系的构建原则

开展课堂创业教育是为了培养学生创业意识、提高学生创业能力、缓解学生就业压力。创业教育的目标是培养人的创业思维、创业意识和创业技能等各种创业综合素质，课堂教学是高校开展创业教育的主要形式。文章通过分析我国创业教育课堂教学的背景和意义，提出改进我国高校创业教育课堂教学体系的基本策略框架，为高校更好地实现创业教育目标提供了参考。

### 一、创业教育课堂教学体系的现实背景

大学生毕业首先想到的是何处工作或者继续深造，但是很少有学生会考虑自己是否可以创业，同时很多没有上过大学或者上学很少的人开始寻找创业的发展方式，以更好地实现自己的人生目标，高校创业教育的缺失是这种现象出现的原因之一。我国高校的学生工作多数以就业为主，开展创业教育课程的高校相对较少，因此学生很少拥有创业意识，即使部分学生具有创业意识，也常会被一些现实情况抹杀。这种现象既影响了学生的就业质量，对社会的经济发展也产生了一定的负面影响。

高校培养人才的目标是为了经济社会发展的需要，为社会提供各方面人才。高校不仅要培养学生的素质、增加学生的知识，还要培养综合型人才，加强学生的创业实践能力，这是高校提高人才质量和自身发展实力的内在要求，开展创业教育是经济社会发展的必然趋势。创业教育的目标是培养学生创业的基本素质，目前我国很多高校都陆续将创业教育

纳入学生的学习范围，创业教育的效果直接取决于创业教育体系是否合理构建和实施，构建符合创业教育规律的课堂教学体系对完善创业教育体系和实现创业教育目标具有重要意义。

## 二、创业教育课堂教学体系的构建原则

建设合理的创业教育课程体系是创业教育的发展重心之一，构建课堂创业实践主要是树立学生的创业意识，培养学生的创业能力，挖掘学生的创业思维，激发学生的创业兴趣。创业教育课堂教学体系可以总结为"四个结合"的构建原则。

### （一）创业课程和专业课程相结合的原则

创业教育要与专业教育相结合，体现在课堂教学上就是创业课程与专业课程的结合。专业课程是指根据各学科培育目标和要求所开设的专业理论知识和技能的课程；创业课程是指为培养学生创业意识和创业能力而开始的课程如《创业导论》《创业管理》《商业计划》等。创业课程和专业课程的结合分为两个层次：第一个层次是两类课程在基础性和普及性上的结合和搭配，使学生既具有专业能力，又具备创业能力；第二个层次是两类课程在课程内容上的深度融合，将学科特点融入到创业教育中，基于学科开发出具有专业特色的创业课程，如《旅游创业》《营销创业》《科技创业》等，将创业教育立足于专业技能之上，将专业知识渗透到创业教育之中。在第一层次和第二层次的结合上可以将创业基础课程设置为必修课程，将创业专业课程设置为选修课程，因材施教。

### （二）理论课程和实践课程相结合的原则

创业教育理论课程是指创业基础知识课程，通常有规范完整的教学大纲和教学计划，是创业教育的基本功；实践课程是指对创业知识和创业技能进行综合运用的课程，紧密地围绕着创业实际。通过系统的理论课程和灵活的实践课程合理配置，使学生将创业基础知识深度理解和掌握，通过实践课程来体验、内化为自身能力，形成创业教育的一个完整体系，既传授了创业知识和原理又培养了创业能力。为使二者相互结合，要有创新的教学方法与之适应，在课堂教学中要以案例研究、创业者现身传教、创业模拟实训、现场体验和测试等为实践课程的依托；以问题为导向，通过教学互动、角色扮演等方式充分促使学生思考，调动学生积极性，要特别强调案例研究，以精选的案例增加教学的鲜活性。

### （三）第一课堂和第二课堂相结合的原则

创业教育的开放性、参与性特别突出，第一课堂和第二课堂是创业教育并行的两个重要环节。通过第一课堂的学校和训练，学生掌握系统的创业知识；通过第二课堂的创业活动，学生训练专业的创业技能。如举办"挑战杯""创业大赛""创业俱乐部""创业孵化""创业者巡讲访问"等活动，并整合教学、科研、学工、创业园、校友会等学校和社会资源，为学生提供富有实效、丰富多彩的第二课堂。

## （四）创业知识和创业意识相结合的原则

创业教育的主要任务是传授创业的基本知识、方法和技能，更重要的是培养学生的企业家精神和素质，除了创业能力，更基础性的工作是使学生拥有创业的心理特质和创新意识，使学生能够以企业家的视角思考和看待问题，具备商业思维。例如英国根据功能作用将创业教育分为"创业意识""创业通识""创业职业"三种类型。创业意识的培养是向学生传递社会价值观念，塑造学生的商业观。校园文化具有培育学生创新观念和创业意识的重要功能，学校应通过政策制定和文化活动营造一种鼓励创新的宽松、自由的人文环境，允许失败、重视过程，在潜移默化中形成崇尚创业的良好文化，渗透到学生的创业意识中。

## 三、创业教育课堂教学体系的实施策略

高校应积极面对学生创业能力培养的各种障碍，寻找一条符合自身情况和特点的道路，改进自己的办学定位和培养目标，重视创业教育的师资队伍、开设创业教育课程、改进课堂教学方法，为有意创业的学生提供一个良好的平台，构建和完善课堂创业教育实践教育体系。

### （一）在课堂上树立正确的创业理念

创业首先要有理念上的创新，以理念上的创新为基础将其应用到实践活动中。具体到课堂创业教育体系中要做到以下几点：首先是以学生为本，尊重学生的人格，把学生作为教育目的的根本出发点，培养学生在德、育、体、美等方面实现全面发展；其次是面向全体，把创业教育融入培养人才的体系中，贯穿培养人才的整个过程，向全体学生全面、广泛、系统地开展；再次是重视引导，使学生正确了解创业与国家社会经济发展的关系，以及创业与职业的关系，提高学生的创业能力和创新精神；第四是理论与实践相结合，在培养学生成长的过程中，不仅要注重在课堂上学习理论知识而且还要注重实践教学，完善和丰富实践教学，改革实践教学方法，将理论知识与实践能力紧密结合，全面提高学生各方面的能力；最后是因材施教，在教学过程中保护学生的个性，发挥学生的长处，激发学生的学习兴趣，充分尊重学生的需要和发展。同时也要结合学校的办学特点进行合理定位，根据学生的不同专业，开展不同模式的创业教育教学。

### （二）完善创业教育的课堂教学方法

美国耶鲁大学校长理查德·莱文认为："制约学生创新能力发展的主要因素是教学方法问题，不同的教学方法取得的效果大不一样。"在教学过程中应根据学生的创业需求，明确学生的学习内容，要求学生学会对待问题独立思考，学会用批判性的思维解决问题，学会从不同的视角看待问题，这种教育模式对社会发展具有积极的促进作用。创业实践能力的培养要求在教学过程中尽量使角色互换，增加课堂中的互动性，以研讨式、互动式和模拟式等方式组织教学课程。从传统教育观念转变为现代教育观念，从以传授知识为中心

转变为培养学生的创业实践能力为重点。

### （三）完善创业教育的课程体系和教学内容

从中国的教育体制来看，学生的创业意识主要是通过课程中所学习的内容来实现的，要想提高学生的创业能力，必须优化和完善课程体系和教学内容。在课程体系上可以尝试减少必修课的学分，增加选修课的学分；减少理论课的课时，增加实践课的课时，特别是边缘学科、交叉学科可多开设一些实践研究型课程；在教学内容上，改变传统的"死板式"教学模式，除了学习课本中的知识，增加一些有关能够培养实践能力的知识，提高学生创业实践能力的发展。在开展课堂创业教育学习理论知识的同时，还要全面推动课堂创业实践活动的开展。完善专业教育与创业教育的相结合的教学体系，培养学生勇于创新，善于发现创业机会，敢于创业的能力。

# 第三章 高校课程建设的基本理论

## 第一节 高校课程建设的新问题

21世纪以来，高校规模扩大，地方高校承担了更多的高教任务，为地方经济社会发展做出了重要贡献。师资队伍质量是制约地方高校快速健康发展的瓶颈，课程建设是高校教育教学质量提升的关键。高教"双一流"建设使地方高校师资队伍不断流失，出现课程建设中的新问题，如高质量课程难以开发利用，转型发展难以推进落实，人才培养质量难以保障等，规范课程管理，进行课程建设，构建优质课程共享资源是解决地方高校资源短缺的重要途径之一。

人才是高校发展的第一生产力，师资队伍是高校建设发展的重点。本科教育是我国高等教育的基础与根本，专业建设是人才培养的基本单元和基本平台，学科是专业知识构成的重要领域，课程则是学科专业知识与专业技能训练的重要组成部分，优质课程是高校培养高质量人才的重要保障。

地方高校是我国高等教育的重要组成部分，承担了更多本科教育阶段的人才培养工作，既为国家输送了大量的社会主义建设者和接班人，又为地方经济社会的发展做出了重要贡献。因此，地方高校不仅是我国本科教育的重要基础，而且是我国人才培养的重要领域，但地方高校的课程建设显得滞后与老化。

### 一

党的十九大报告指出，建设教育强国是中华民族伟大复兴的基础工程，也是实现新时代国家战略目标的重要保障，要"优先发展教育事业"。高等教育对国家建设发展的支撑与引领功能比以往任何时候都更紧迫。2018年1月，教育部发布了《普通高等学校本科专业类教学质量国家标准》（以下简称"专业质量国家标准"），这是我国发布的第一个教学质量国家标准，它是我国本科专业建设的纲领性文件，为地方本科高校的人才培养和课程建设提供行动指南。

高等教育发展水平是一个国家发展水平与发展潜力的重要标志。从历史看，我国目前高等教育已从大众化阶段向普及化阶段转变，近年高等教育毛入学率已接近45%，两三年之后将超过50%,这一趋势可能加大,说明高等教育已成为我国人民群众的一项基本需求,是提高大众文化水平和国民素质的重要途径。从1999年以来高校扩招情况看,部分"985工程高校"和"211工程高校"并没有大幅度扩招,更结合自身发展实际,按照国家政策要求,不断加强自身的条件保障与内涵建设,其师资力量整体得到充分的补充与发展,硬件条件优先得到改善等。部分地方高校或是通过"升格",或是通过"转型"等方式,不断申请新专业、扩大招生规模,造成地方校内教育资源的极度短缺,特别是高学历、高水平、高职称师资匮乏,新的课程建设质量得不到有效提高,教学条件日渐紧缺,教学方法也得不到真正改进,学校教学质量日渐下滑,人才培养质量得不到保障,影响学校的健康发展。自国家"双一流建设"以来,地方高校的师资队伍建设变得更加艰难,优秀教师不断流失。2016年,习近平总书记在全国高校思想政治工作会议上明确指出:"办好我国高校,办出世界一流大学,必须牢牢抓住全面提高人才培养能力这个核心点。"2018年初,中共中央、国务院印发了《关于全面深化新时代教师队伍建设改革的意见》,对新时代教师队伍建设做出了顶层设计,是指导我国高等教育加强人才队伍建设的重要依据。

我国地方高校超过两千余所,是高等教育的重要组成部分和服务地方经济的重中之重,学科、专业与课程建设是一个完整的有机体,而课程建设是高校人才培养的基本单元和核心步骤,优化高校课程建设应该是地方高校发展重点关注的问题。

## 二

课程建设是教育教学改革的基础,也是地方院校开展教育的根本出发点。地方高校目前的改革发展总体落后于国家高教改革要求,不能很好地适应区域经济社会发展需求,学科知识总体老化、教学方法一般滞后,课内教学多,课外实践少,特别是师范类教育,学科知识占据教学的重要内容,不能适应市场和社会的变革,课程改革不能很好地适应区域发展的总体要求。其存在问题总体可归纳为以下五个方面。

第一,课程设置整体老化或结构整体比较混乱。高校课程建设应呈现为动态性发展,在学科专业体系内须不断调整优化,要保证专业基础课程,增加专业选修课,提高专业技能课程,不断提高课程的有效性和利用率,以适应社会对人才的需求。因国家高校改革迅速,地方高校的师资与条件保障总体较弱,或课程开设不足,或课程改进迟缓,或急功近利开设无关紧要的课程等。凡此既不能保障教育教学的健康运行,又不能有效提高人才的培养质量。

第二,教学改革力量不足,团队合作意识总体不强。学科专业的知识构成与能力培养是一项系统化的工程,它需要优秀的教学团队和科学的管理机制,不断发现和解决教学实践中的新问题,实现课程建设质量的不断提升。当前一些地方高校的课程建设与团队建设结合总体不紧密,协商构建高质量的课程任务、目标不是很理想,教师的团队意识不强,课程建设的进程与质量不能得到保障等。

第三，课程建设中评估不到位，课程实践中监管难以落实。课程建设是一个具有连续性和差异性的逐层推进过程，某一课程建设的程度与质量都需设立有效的评估机制，以保障课程建设质量，对课程进行体系性的管理与控制，监督与考核，特别是对课程建设的细节落实与监督等，推进课程建设和质量提升。

第四，对课程改革建设成果的推广与应用不足。部分地方高校积极申报课程改革项目，做了许多改革性的工作，并在实践中不断总结教学经验，最后将改革成果进行总结和上报，结题之后就不再关注课程改革成果的推广和应用，造成课程资源的浪费，容易造成高校课程的重复建设，学校教育教学质量难以真正提高，不但增加了学校的经济负担，而且影响了教师的教学与研究等。

第五，对课程改革资料的积累与教学方法的改进重视不足。部分高校每年都有课程改革项目，一般都在几十项，若逐年累加，应超过几百项，所有课程都应有改革经验。事实上，更多课程改革成果从结题开始就被存放而失去活力效力，而许多基础课、通识课、专业课等在实际教学中都如常，没有改进，教学方法如故，多是增加了PPT投影，课程缺少新内容，不能将学科前沿内容及时引入课堂教学，不能启发学生思考等。

可以看出，地方高校在自我发展中要重视课程建设，着力课程资源的开发和利用，改进教学方法，增加教学新内容，创新教学模式，提高课程资源共享程度，提高地方高校有限课程资源的利用率，以适应经济社会发展需要。

## 三

课程建设需要高水平的师资队伍，但地方高校教师资源有限，特别是高学历、高职称的教师总体短缺，不能满足教学需要，造成课程改革整体落后，教学质量总体水平不高的现状。根据以上问题提出如下五点参考意见。

第一，要重视专业规划，规范课程设置。自改革开放以来，我国共进行了四次大规模的专业调整与设置工作（包括1987年、1993年、1998年和2012年），目前学科门类由原来的11个增至12个，新增了艺术学门类；专业类由原来的73个增至92个；专业由原来的635种调减至506种（其中基本专业352种，特设专业154种）。每个专业都有明确的培养目标和课程支撑。多数专业课程一般包括专业基础课、通识课和实践技能课等，课时也有相应要求。2018年的"专业质量国家标准"是地方高校专业建设和课程设置的指南，可以此为据，规范课程设置，优化课程结构。

第二，要重视课程改革，优化课程内容。地方高校发展要有所为有所不为，须结合学校学科建设发展优势，有梯队有层次地推进学科专业发展，增强学校发展动力等。课程建设是学校改革发展的基础与重点，也是构建学校优势与特色的重要载体，连接了学校发展中教师与学生两个主体。地方高校在资源有限的背景下要积极利用地方资源，实现校地、校企、校政结合，吸引社会力量，创新课程体系，优化课程内容，为地方经济社会发展培养更多高质量的社会主义建设者和接班人。

第三，要重视课程建设质量的考核与评估机制。高校课程改革多以项目方式推进，管理部门要加强对课程改革过程的管理，科学制定考核与评估办法，促进课程改革的规范化管理。要加大对已验收课程的检查与淘汰机制力度，特别是对停滞不前课程的筛选，努力推动课程内容的更新、教学方法的改进、教学质量的提升等。

第四，要重视课程建设的规划性、前瞻性和实践性改革。地方高校目前多数处于转型发展，要突破传统高校发展模式，让课程成为与地方社会经济对接的重要桥梁，科学规划，创新课程，积极融入区域社会发展，实现高校对地方经济社会的引领作用。

第五，要重视课程建设中的资源共享问题。地方高校一般都有相应的平台建设，可以通过各种现代传媒手段，发挥优秀课程的共享程度，实现有限资源利用的最大化，从而提高人才培养质量，达到课程建设的最终目的。

以上五点是解决地方高校课程建设面临新问题的主要对策。地方高校要有危机意识，积极思考课程建设中出现的课程设置、课程管理、团队意识、过程考核、整体评估和实践应用等问题，优化课程建设的管理体系，搭建课程建设的平台，拓展课程内涵外延，挖掘课程建设价值，发挥课程建设对人才培养质量的支撑与保障作用。

## 第二节 高校课程建设反思及出路

课程建设是高校教学职能的基本，本节对国内外高校在课程建设的现状进行了简单的介绍及比较，分析了目前国内高校课程建设的特点，对课程建设存在的不足进行反思，最后试对高校课程建设出路进行初步探讨。

教学是一个高校最基本的职能，高校课程建设则是教学的基石，课程建设的水平是人才培养的最基本维度。目前国内外对课程的定义有以下两种：一是课程是学习方案；教学计划是课程的总方案；教学大纲是学科具体规划；教科书是具体只是的阐述。另一定义为课程是有计划的学习经验，是学生在教师的指导下获得的全部学习经验。目前来看，大多数人比较认可的定义是课程是有计划地组织学生进行学习的过程，在此过程中，学生获得知识、经验。随着时代的发展，课程的内涵在不断地丰富和发展。

### 一、中外高校课程建设的现状及比较

中西方国家在课程定义方面有着较大的差别，而在实际的课程建设上同样有着明显的不同。以美国为例，美国在教学育人方面主要关注以下几个方面：一是美国高校"严进严出"，严把招生关，美国的高校招生制度看似宽松，其实不易。美国高校的招生没有统一的考试，不同院校有着不同的考核办法。从人才培养结果看，美国的高校培养模式是值得

所有人学习的,它体现了其录取制度、考核制度的科学性、先进性、灵活性;二是从社会文化、历史责任感以及经济支持等方面确保高校教师教学积极性,使得教师心无旁骛,潜心教学;三是小班授课,使每个学生都尽可能获得最大的资源以及关注,同样使得教师有能力进行针对性的教学;四是在课程建设方面有大量的资金支持;五是重视对教学质量的监控、评估,其结果往往与教师的岗位、职称、收入等直接相关。总体上来说,在课程体系建设方面,他们推崇的是对人才的全面培养,如美国哈佛大学在2013年的通识教育计划中就重新划分了本科生需要修读的八大类知识范畴:审美与诠释、文化信仰、伦理推理、经验推理、生命科学、物理科学、世界中的社会以及世界中的美国。而在具体的课程设置上,无论是综合型大学或者是专科类院校都比较注重交叉学科的开设。综合型大学的课程设置随着社会的发展,也出现了一定的职业化倾向,但仍着重在对学生学术研究能力的培养上进行适当的专业教育;专业类院校则一如既往注重职业化课程的开设,并强调实践教学。

结合自身的高校教学经历以及在相当多的高校课程建设文献资料中不难总结到目前国内高校存在着以下几个方面的不足:一是教学观念落后甚至说是错误。整个教育大环境呼吁了很久的从以教为主向以学为主的转变仍未能看到,素质教育虽是老生畅谈的话题但能做到的学校并不多。二是无论是综合性大学或者专业类院校课程设置上专业化倾向太强,人文社科知识缺乏。同时在专业内课程内容繁多但零散、知识连贯性差。三是缺少对课程教学的研究,照本宣科比比皆是。在一个大学中教师的正确做法应该是讲解每门课中的高深知识,阐述难点以及重点。四是教学方法简单。满堂灌的方式在目前来看仍是主要的授课方式,在此过程中学生缺乏参与,课堂沉闷没有活力,学生积极性差。五是考核方法单一。试卷考核是许多课程的唯一考核方法,同时考核内容多是书本中概念类的题目,重理论轻实践,重结果轻过程。

## 二、国内高校课程建设特点

有学者提出目前国内高校课程建设存在着四种倾向:一是具有精品化倾向。03年起我国开始启动一批国家精品课程建设,此后各省市高校陆续出台了精品课程建设的办法。精品课程的建设在一定的程度上促进了人才培养质量的提高,但目前高校过于看重精品课程,资源基本都用来支持那些能给学校带来荣誉的精品课程,意图利用少数几门国家级或者省部级的精品课程来证明学校课程建设的成绩。二是具有国际化倾向。01年教育部颁布了《关于加强高等学校本科教学工作,提高教学质量的若干意见》,在《意见》中明确指出信息技术、生物技术、法律、金融等一些本科专业,力争在3年时间内保证外语教学课程量占到课程总量的5%-10%。三是具有技术化倾向。现在在高校的课堂都有一个普遍的现象,黑板板书越来越少,电脑化以及PPT的使用率越来越高,课程建设技术化最显著的特征是多媒体技术使用越来越广泛,教师们也更加热衷于采用多媒体授课。另外除了多媒体授课外,课程建设技术化倾向还表现在网络课程以及网络资源库建设等方面。把优秀的课件以及完善的课程资源放在网上，极大地方便了学生的自主学习以及教师的教学工作开展。四是具有职业化倾向。高校一直都存在着学生理论性强，实际应用能力弱的弊病，在高校毕业生面临着严峻的就业形势压力时，这种弊病就更加彰显。事实上，目前各高校在课程建设等环节上已经就此问题进行了改进，为解决学生动手能力差，社会适应性差等特点做了大量改进性的探索，在实践课程开设以及仪器设备购置等方面投入了大笔的资金。

### 三、高校课程建设出路探讨

对于课程建设的出路，有学着认为概括为以下几方面：一适用于学生的，即课程建设要适应学生的身心发展需要。在许多学校都存在着教师的教案以及教学方式长期不变，甚至有的教师给不同层次的学生，如博士生、硕士生、本科生上同一门课程时所讲的内容都没有多大的变化。再者受到高校普遍重科研轻教学风气的影响，现在在认真研究如何根据学生的身心特点或者说根据学生的需要来安排教学计划的老师，恐怕是少之又少。二是通过学生的，即学生应成为课程建设的参与者。国外的高校就别重视注重培养学生自主学习的意愿以及能力，学生能否积极主动参与到课堂教学中去是衡量课程教学质量的标准。在教育界，专家学者一致在呼吁要改变满堂灌的教学模式，但是，近年来受到高校招生规模的急剧扩张以及高校青年教师的大量补充，学生在课堂中的主体地位非但没有上升，反而因为教师的水平因素影响而有所降低。有学者认为改革开放30年来，高校课程建设的发展远远滞后于其他方面的发展，而这也成为制约我国人才培养质量的主要因素。三是为了学生的课程建设，即高校课程建设的出发点和落脚点应该是为了学生的发展需要，学生终归是课程建设的最主要受益者。高校的职能以及事务繁多，但没有什么事情比课程建设更能对学生产生直接且长久的价值。为了学生的课程建设其目的只能是为了学生，只有这样才能将所有人都统一到课程建设中来，只有这样才能为课程建设提供源源不断的内在动力。

高校课程建设水平高低直接关系着高校的教学质量，课程建设是一项长期、系统的质量工程。在课程建设的具体工作中，我们要看到国内外课程建设的特点，有针对性地吸收、消化最终做到为己所有。同时在课程建设中要把握好高校本身的特点，课程建设最主要的原则应该是为学生服务的，学生是课程建设最终的受益主体，在人才培养过程中，形成有特色的学科，有特色的高校。

## 第三节 媒介融合与高校课程建设关系

迅猛发展的传播技术促使人际传播、大众传播、网络传播相互作用、相互影响，形成融合发展的趋势，并对社会产生作用。媒介融合对高校课程建设的内容生产方式、传播渠道和传受关系形成了巨大的挑战，因此坚持内容为王的内容生产理念，建立具有人际传播、大众传播和网络传播特性的传播渠道，重塑教师与学生的社会关系，是解决媒介融合与高校课程建设的有效方式。

提及媒介融合，首先想到的是报纸、电视、广播等媒介的融合，或者是文字、图像、声音等形态的融合。媒介融合在传播学研究中并不是什么新鲜的话题，对特殊的传播载体——高等教育或高等学校来说却是一个不得不面对的新问题。课程作为高等教育人才培养的基本构成单位，虽然在一定程度上与融合媒介中网络等新媒介保持着较高的接触频度，但并未真正深入融合媒介的内里。融合媒介与课程建设之间的相互关系和作用有待于深入探讨。

## 一、媒介融合及其对课程建设的挑战

什么是媒介融合？对于高等学校的教师、学生而言，这是一个陌生而又熟悉的话题。说陌生，是因为除了专业研究者外很少有人（包括高等学校师生）专门研究媒介融合，对其概念、内涵及外延知之甚少；说熟悉，则是因为虽然很少有人了解媒介融合的理论，媒介融合现象却在生活中无处不在，就高校师生来说，接触频度较高的是公众网站、校园网站、课程网站以及多媒体教学课件等。即使是在传播学界，关于媒介融合的争论也颇多，并未形成完全的共识。蔡雯、王学文关于媒介融合的观点具有代表性，他们认为："媒介融合是指在以数字技术、网络技术和电子通讯技术为核心的科学技术的推动下，组成大媒体业的各产业组织在经济利益和社会需求的驱动下通过合作、并购和整合等手段，实现不同媒介形态的内容融合、传播渠道融合和媒介终端融合的过程。"不难看出，他们的观点侧重于从技术角度探讨媒介融合的信息生产与流动模式，但他们并未讨论媒介融合对传授主体及社会行为的影响和作用。而丹麦传播学者克劳斯·布鲁恩·延森则从另一种视角对媒介融合进行解读，他认为媒介融合具有网络传播、大众传播和人际传播三重维度。高等学校在教学活动中体现了对人际传播的倚重，同时又在大众传播与网络传播中寻找教学革新的突破。在两难的境地中，高等学校课程建设既面临内容、渠道和终端方面的融合难题，也面临传受主体信息生产与接受的对弈格局。因此，媒介融合对高校课程建设既是一种挑战，也是一种机遇。

融合媒介对高校课程建设的第一个挑战来自于课程内容的生产方式。传统媒体坚持"内容为王"的传播主张，认为内容才是媒体生存的决定性力量，而课程正是高校这一传播媒体的"王者"，因此课程建设一直是高校的核心任务之一。从教育学来看，课程是学生所应学习的学科总和及其进程与安排。广义上讲，课程是学校为实现培养目标而选择的教育内容及其进程的总和，包括学校所教的各门学科和有目的、有计划的教育活动；狭义上讲，课程是指某一门学科。但不论是广义的课程还是狭义的课程，其内容都是科学技术发展的结晶，都是按照一定规律进行编排的知识体系。从某种意义上来说，课程内容的编排等同于传播学意义上的信息生产，工业革命前的课程较多地呈现部落化特征，现代课程则按照严密的科学体系和逻辑规律编制而具有机械主义特征。随着传播科技的跨越式发展，以网络为核心的媒介融合成为一种趋势。在这种趋势下，具有机械主义特征的现代课程及其编排体系与媒介融合之间产生了激烈的冲突。

第二个挑战来自于传播渠道与课程建设之间的融合现象。自有史以来，人类经历语言、文字、印刷、电子、网络等多次传播革新，但从传播渠道的影响力来看，人际传播、大众传播、网络传播是三种主要的形式。尽管这三种渠道有着发展的先后顺序，但后起的传播渠道并没有完全舍弃前面的传播渠道，而是相互影响、相互作用，形成了你中有我、我中有你的复杂格局。教学是一种非常典型的人际传播活动，教师是这一传播活动的主角，教师的教学水平直接影响到人才培养水平。而课程是人才培养的基本元素，其建设也就更加凸显教师的中心地位。相传孔子有三千弟子，但并没有专门的课程，《论语》由其弟子编著而成，因此，从某种意义上说，个人的智慧和魅力成为课程建设的关键所在。公元十一世纪，世界公认最早的大学博洛尼亚大学在意大利建立，此后欧洲国家纷纷建立大学，不过这一时期的大学由宗教神学所掌握，其课程体现了较多的宗教色彩，人际传播仍然是主要的方式。而工业革命后，大众传播逐步成为新的主要传播渠道，反映科学发展成果的课程日益成为学校人才培养的主要载体，这样的课程呈现出理性主义特征。由于机械主义课程并没有改变信息流动模式，因而教师的中心地位一直延续至今。与人际传播和大众传播截然不同的是，网络传播的信息流动模式从单向线性模式转变为双向互动模式，电子商务、电子政务、社交网络、即时通讯等成为人们日常生活中必不可少的交流方式。身处网络传播漩涡之中的高校课程同样面临传播渠道的变革与整合。

第三个挑战则来自于媒介融合形成的新型社会关系对课程建设的影响。"与面对面接触不同的是，经由媒介（尤其是大众媒介）进行的传播，常常在传播参与者之间形成空间和社会距离。"自古以来，教学活动就是一种面对面的传播活动，即典型的人际传播活动。这种传播形态使师生形成了非常紧密的关系，这种关系削弱了课程在教学活动中的地位，使课程建设显得不那么重要。而大众传播的出现使信息的传播方式发生了革命性的变化，"媒介的在场不仅使得现实的不在场以及传播者的不在场成为可能，而且使得现实与传播者同时不在场也成为可能"，这种新的传播方式强调课程在教学中的作用，同时使师生关系发生新的变化，逐渐呈现若即若离的趋势。因此课程之于教学的重要性日益显现出来，课程建设也越来越受到重视。尽管以网络传播为核心的媒介融合并不排斥人际传播、大众传播，但媒介融合使信息传播方式再次发生重大革新，信息的生产与传播不再完全由传播者完成，接受者同样可以参与其中。这一新型传播方式进一步增强了传播者不在场的可能性，对当下的高校师生关系产生了新的作用和影响。在这种条件下，高校课程建设面临着主体关系变换致使信息生产与传播方式变革带来的挑战。

当前高等教育与社会发展、社会环境及人类进步一样面临急速的变化和严峻的挑战。在这种变化和挑战中，信息是其中最为显著的因素之一，特别是日新月异的技术因素促使媒介融合的生成和发展，进而增强、放大了信息的影响。媒介融合使高校课程处于困境之中，既面对崭新的机遇，又遭遇强烈的挑战。

## 二、媒介融合建构全新教育发展模式

在人类历史上，生产力永远是社会发展的最根本、最直接的驱动力，即使是现在也不例外。但经过几千年演变，生产力的涵义发生了革命性变化，生产力不再只是体力劳动的代名词，脑力劳动、科学技术、注意力、信息等都成为生产力，信息的作用和影响犹如原子弹一般巨大。这是单一模式的信息，而现代科学技术使向着融合方向发展，也即媒介融合。"媒介融合是在数字技术和网络技术的背景下，以信息消费终端的需求为指向，由内容融合、网络融合和终端融合所构成的媒介形态的深化过程。"

媒介融合应该不再只是一个传播问题，而是已深深嵌入社会的各个角落、各个领域并产生了深远的影响，体现在：媒介融合正在加速民主政治进程，催生扁平化的民主管理模式，底层受众的信息接收与反馈渠道日渐增多，有限性增强；媒介融合成为经济发展的助推剂，我们看到的不仅是媒介机构的重组、壮大，财政资源的重新分配，而且看到了实体金融与网络金融的共生，如网络支付、移动端支付等；媒介融合进一步催生技术革新，既给受众便捷的使用体验，又给以充分的安全保障，传受双方对技术的依赖度日益加深，同时也意味着破坏力的增大；媒介融合重构人力资源分布，包括核心技术的开发人员、核心管理团队、专业的生产团队等等，凡是媒介技术关系紧密的行业、产业对人力资源的要求也就越高；法律的变迁速度明显落后于媒介融合的进程，法律空白较多，既是媒介融合的机遇，但挑战和阻滞也是不确定因素，如网络支付管理引起的讨论说明媒介融合遇到的规制问题。

## 三、媒介融合下课程建设的新趋向

媒介融合既对课程建设形成了巨大的挑战和影响，也为课程建设提供了新的可能和机遇。从课程本体（包括课程内容和课程建设方式）来说，媒介融合下的课程建设无疑是对传统课程建设范式的重构。

### （一）坚持"内容为王"的传播理念

毋庸置疑，教学活动是一种传播活动，课程是教学活动的直接体现。然而，教学活动与其他传播活动有很大不同，特别是课程的文本信息与其他媒体有着天壤之别，其原因在于知识信息的逻辑性导致的教师权威性、教学活动不可辩驳性。从某种意义上说，课程文本这一载体承载着决定论意义，传输到学生的意识当中进而对学生产生影响。决定论意义的文本既是大众传播时代信息的生产方式，也是课程文本的重要生产方式；而媒介融合条件下，人际传播、大众传播和网络传播的融合日趋加深，网络传播的作用日益显现并对信息的生产方式与接受方式产生影响。年轻受众对网络传播较为青睐，对新媒体的认可度较高，这种变化对高校课程建设提出新的挑战。但这种挑战并不是要全盘推翻原有的课程建设模式。高等学校仍然要坚持只有拥有内容才是课程建设的王者的理念，课程内容是决定课程建设使用何种媒体及其生命周期长短的决定性力量。

具体到课程文本的生产方式上，要注意以下几点：一是不论什么课程都要遵循其固有的学科性、逻辑性规律，绝不能因为新媒体的使用和网络传播的碎片化属性而随意打破其惯有规律。二是应完成文档、图表、音频、视频等多元内容的深度融合。媒介融合下的课程建设不是把某一知识的文档、图表、音频、视频等信息简单地堆放在一起，进行原有材料的简单复制或搬家，而是要根据课程或知识的学科性、逻辑性将文档、图表、音频、视频等信息组合起来，或者按照媒介融合的规则编码，充分利用文档、图表、音频、视频等各自的属性，形成相互补充、相互促进、相互影响的信息文本。三是要建立以学生为中心的信息文本模式。到目前为止高校课程建设大多遵循的是决定论文本，从本质上来说就是传播者（即教师）占据绝对地位的文本。在人际传播、大众传播下以教师为中心的决定论文本的确更有效，但是在媒介融合下，双向互动的网络传播使传播者丧失绝对的主导地位，决定论文本不再行之有效，而读者文本因为"具有一些为读者所熟悉的特征（即'成规'），使得读者能够较为'容易'地理解它"，如果读者（即学生）突破成规和可预测性，他们往往会对文本进行反思或替代性阐释，读者便变成生产意义上的作者，这种文本即作者文本，这也是我们期望实现的课程文本生产方式，既体现学生的中心地位也增强学生的自学能力。因此，从传播角度出发，媒介融合下的课程建设不是一个单纯的内容建设问题，而是在综合人际传播、大众传播、网络传播各种元素的基础上，按照学科性特点和教育学属性进行的传统课程的改造、升级，内容是其永恒的核心。

## （二）建立或优化适于课程建设的传播渠道

尽管传播学者一直争论传播渠道或技术究竟是决定论还是工具论问题，然而我们不得不承认传播技术对传播者、接受者、传播的内容、环境及效果均产生深刻的影响。人际传播条件下课程建设显现出语言这一渠道的部落化特征，大众传播条件下课程则具备印刷、无线电等渠道的可复制性、单向性特征。课程不是单纯地为某一种传播渠道或形式而建，后建的课程往往会或多或少地保留前一传播渠道的课程内容、形式等，在此基础上进行再加工才形成如今的课程建设模式。

媒介融合下的课程建设理应在人际传播和大众传播的基础上深入考虑网络传播的渠道特征。一是新型课程的传播渠道要尽力保留课程的人际传播特征。原因不仅在于网络传播含有人际传播的形式，而且在于教师要依据教学活动的人际传播属性将课程建设成为网络传播的内容并实施有效传播。二是新型课程同样不能排斥大众传播渠道。自印刷技术诞生起大众传播一直改变着社会结构和社会关系，从某种意义上说也改变了特权阶层占有知识的权力结构，这也是大众传播乃至大众化教育的意义所在，因而在媒介融合下大众传播依然是不可缺少的传播形式。三是要正确看待并利用网络传播的各种新技术构建的课程传播渠道。网络传播的重要性不言而喻，但教师、学校甚至教育主管部门对网络传播存在认识上的误区，认为网络传播仅仅是一种传播渠道，满足于数字化转换，例如把人际传播的课堂教学拍成录像视频，把过去印刷的纸质文本换成电子文档等。其实，建设网络传播下的课程，更为重要的是建立基于数字技术、网络技术的适于课程教学与学习的传播体系、传播模式、互动系统。从本质上说，现在市面上异常繁多、竞争惨烈的各种课程应用软件系统或云平台都能满足上述功能和要求，但不足之处是这些软件或平台迷恋数字传播技术，有的甚至陷入怪诞的数字形而上学，忽视人际传播、大众传播的作用，大多软件或平台未从人的角度出发探讨传播渠道、传播技术与课程建设的结合问题，尤其是什么样的软件或平台适合接受者（即学生）使用、能够实现人机和谐共处的问题。

### （三）重塑媒介融合下的传受关系

无论是人际传播还是大众传播，传播者（教师）和接受者（学生）的关系中，传播者总是处于主导地位甚至是绝对的中心地位，而接受者则总是处于从者地位甚或是边缘地位，因此我们可以认为有效的教学活动首先来自教师的知识权威性，但从传播的角度来看其更深层的原因应该来自教师和学生传受双方的主从关系。

媒介融合下的传受关系显然不同于人际传播、大众传播下的传受关系，这种变化来自于网络传播及其模式。一是必须重新认识传受双方的主体关系。从接受者来看，学生不再是单纯的接受者，而获得了信息生产者（或曰传播者）的身份，对课程内容可以再加工、再生产并传播；从传播者来看，教师不再是传统意义上的传播者，也不再是不能完全按照自己主观意志进行编码的信息生产者，而要较多地根据接受者的反馈进行课程内容的编码，因此，现今的课程建设必须在新型传受关系的基础上建设既适应教师教学又适合学生学习或信息加工的开放性课程。二是构建类社交化的课程建设方式。网络传播的碎片化、分众化特征使课程接受者出现新的社会圈层变迁，网络传播从时空观点上使地球变为一个村落。这种变化同样体现在课程建设与应用中，全世界的学生不仅可以享用哈佛大学、耶鲁大学等世界名校的课程资源，而且可以对课程或课程某个知识点进行讨论交流进而圈层化、社交化。因此，现今的课程建设不应排斥圈层化、社交化的趋向，而应鼓励并支持教师与学生（包括本校学生和外校学生）、教师与教师（本校教师之间及校际教师之间）、学生与学生（本校学生之间及校际学生之间）形成相应的社会圈层，当然这种社会圈层应该建立在一种较为开放的传播渠道之上。

媒介融合是媒介多元发展不可回避的历程，并对高校现有课程体系、既有课程制度产生相应的影响。面对媒介融合的冲击，高校课程建设需要更加理性的应对策略，不可放大媒介融合的作用，也不可小觑媒介融合的影响，而应形成以既有知识体系为基础的"内容为王"传播观念，使现有课程传播渠道与新的媒介载体互通有余，建立适合知识传播的媒介融合渠道，同时要注重教师、学生在媒介融合驱动下传受关系的互换、调配问题，建立现代大学教师与学生的新型传播关系。

## 四、媒介融合下课程制度的重构可能性

前述部分我们探讨了媒介融合对社会发展和高校课程建设的影响，一部分是我们每个

人可能都会感受到的，一部分则是我们非常不易察觉的，制度正是这种不易察觉的隐性力量，其作用往往超出人们的预料和想象。因此，要使课程在媒介融合环境下实现有效传播，就必须构建适应媒介融合的课程制度。

首先，要创新甚至颠覆课程制度的观念。从人类发展历史来看，人类信息是用来交流的，是传播思想的，并影响人类的思维模式。一般认为，人际传播是双向循环模式，大众传播是单向线性模式，网络传播被认为重回双向循环模式，但两种双向循环模式并不相同。人际传播的双向循环模式是面对面（face to face）交流，而网络传播的双向循环模式既包括面对面交流，也包括非面对面（non face-to-face）交流或不在场（absent）交流，因此可以说传播模式既受到人类思维模式的影响，也影响人类思维模式。高校课程制度是大学设立以来经过漫长时间逐步建立起来的，在神学统治时代以《圣经》为核心的课程占据欧洲大学课程的绝对地位，古登堡印刷术使课程的信息量增大从而削弱了课程口口相传的力量，而电子革命在进一步加大课程信息量的同时改变课程的呈现形式、资源类型、传输方式，作为电子革命的延续和深化，媒介融合在保留前述特点时使课程内容、呈现形式、资源类型、传输方式等趋向交叉、趋向融合。因此，创新甚至颠覆传统课程制度的理念，树立适应媒介融合的课程制度理念远比制定一套具体课程制度的意义深远得多。

其次，什么样的课程制度适应媒介融合传播呢？课程制度是价值观的体现，但没有具体措施支撑的价值观是毫无意义的。"制度的理念化并不意味着制度仅仅是一种理念，恰恰相反，制度的理念化乃是为未来实践活动提供一个坐标，根据这个坐标，相应的实践活动都会在其中获得相应的位置。"媒介融合下的课程制度体现较为复杂的价值观，既要体现传统课程的价值延续，又要突出媒介融合体现出的开放、共享等新价值观；既要确立教师课程建设的自觉性和创造性，又要塑造学生参与课程建设的主动性和创新性。媒介融合下的课程制度利于融合传播的行为导引，既要保持大众传播模式下人才培养模式的整体性和独特性，又要体现融合传播下以网络为载体的课程走出校门导致人才培养模式的新颖性；既要显现大众传播模式下"教"与"学"的合目的性、合规律性，又要彰显融合传播模式下"学"的自主性、合作性、反思性、共享性以及"教"的开放性。媒介融合下的课程制度要确保适合融合传播的课程的设计、开发的程序规范，在完善现今大众传播模式（现今学校机制）下课程选择、决策、开发和管理的机制、机构、程序、方法的同时，探讨构建融合传播的课程程序性制度，既要延续原有的完整性、严谨性，又要突破藩篱，使课程制度具有一定弹性和灵活性，给予新生事物发展的空间。

再次，媒介融合下课程制度可以优先考虑的课程建设内容。媒介融合使课程轻而易举地被复制和获取，同时媒介融合也使课程的交易可能性增大，任何受众缴费学习哈佛大学、耶鲁大学等世界名校的在线课程，只是国内课程交易还尚未启动或者说面临制度性障碍，因此首先要解决知识产权问题。媒介融合使课程符号出现多样化趋向，语言、文字、图形、图像、音频、视频等符号尤其是适于融合传播的符号都运用到课程建设上，而事实上课程符号的使用较为单一，符号与符号之间的关系比较模糊，两者的融合更是难题。大众传播下教材等纸质型材料是可见型载体，这些材料被学生持有并纳入学习成本；而媒介融合下部分课程材料不再被学生持有，向学生收取费用不再合理，另外目前网络学习成本由学生负担，增加学生的学习成本，因此创新媒介融合下课程的传播渠道建设，从制度上、经费上予以保障，降低学校、学生的经济成本。媒介融合下的课程制度绝不是用几行字显现课程的价值观和理念，更需实践特别是媒介融合的技术和能力来保障理念的实现，因而从制度上保障学校和教师享有不断提升课程融合技术的机会和能力是媒介融合下课程发展的根基。

总的来说，媒介融合潜在地改变社会发展模式，对高校课程相关者——学生、教师、所属主体及制度——产生巨大的冲击和挑战，而在这种冲击和挑战中课程制度与媒介融合则是一种控制与反控制的关系，突破固有思维和制度的控制，方使媒介融合下的课程建设持续发展。

## 第四节 高校课程建设与人才培养模式改革

飞速发展的信息技术对于教学发展具有积极的促进作用，然而在传统教学模式当中，教学方式并没有将教学内容和学生未来的职业生涯发展有机结合在一起，课程设置方面也不符合我国培养复合型专业人才的教学需求。文章从多个角度与层面就高校课程建设与人才培养模式改革的问题进行深入分析。

在信息化时代背景下，高等教育课程设置中存在的问题和教学方法的探讨与实践成为课程研究与建设的重点。很多高校已经建立了比较完善的课程体系，可以让学生利用网络平台进行交流和学习，促进高素质人才培养。但是还有一部分高校在这些方面仍存在一定问题。

### 一、高校课程建设与人才培养模式存在的主要问题

首先，对课程建设和人才培养模式改革重视程度不够。在当前高等院校中，一些管理人员和校领导还没有认识到课程建设或人才培养模式改革的重要性，认为只要做好教学工作就可以促进学生更好发展，并没有从学生的实际情况出发。虽然教育部出台了相关政策加强教育创新改革，对课程建设和人才培养模式改革加大了支持和扶持力度，但是在实际中执行力还不够，很多高校只是将工作停留在形式上，并没有认识到课程建设和人才培养模式改革对本校教学教育的现实意义。此外，我国当前对课程建设和人才培养模式改革的政策还不够完善，大部分高校对于课程建设或人才培养模式改革的开展仅停留在口号层次，投资经费严重紧缺，教学教育相关设备、设施严重落后、老化，无法满足课程建设和人才培养模式改革在教学实践中落实的需求，这导致了教学质量与水平无法得到提升，也阻碍

了高校课程建设和人才培养模式改革的推广与执行。

另一方面，课程设置模式不够完善。课程是高校教育的关键内容，课程不仅包括教材、教学计划以及科目等在外形式的"硬课"，还包括对科目与教材等内容的分析与整合活动的"软课"。课程建设与人才培养模式改革在国外已有长时间的研究与实践，但是在我国课程建设与人才培养模式改革还处于发展的初级阶段，对于课程建设与人才培养模式改革的理论研究与实践研究仍然比较欠缺。同时，课程建设与人才培养模式改革的相关制度不够完善，教育内容较为单一，不重视学生实践能力与综合素质的培养。虽然有的教师注重学生和老师之间的互动，但是在课程建设与人才培养模式改革的内容方面创新意识不足，教学方式单一，完全依照教案开展教学活动，并且采用传统的教学管理机制，无论是从专业设置上还是从教学活动安排上，都是由学校管理部门统一安排，未根据课堂实际情况及时调整教学活动，在一定程度上出现教学管理机械化、教学质量与水平不高以及教学效果低下等问题。教师单纯按照教学计划进行教学活动，也无法发挥学生在课堂上的主体作用，无法激发学生学习的主动性和积极性。对于刚刚起步的我国高校课程建设与人才培养模式改革来说，教育者与研究人员还需要进行进一步的交流和探讨。

此外，教育者水平有待提高。随着我国社会经济进入快速发展时期，对专业人才的要求变得越来越高，高等院校承担着为国家和社会培养人才的重要责任。当前，市场对人才的需求与日俱增，而应用型人才大量缺乏的主要原因就是应届毕业生缺乏对理论知识的实践运用能力。对于完整的课程来说，硬课提供的内容和原材料是否可以发挥其作用，根本在于教师在教学活动中和相关场景中如何引导学生。由于部分教师教学经验不足，不能有效的把握课堂节奏，或者有的教师只是对重点知识进行讲解，忽视对课程的设计、建设或改革，并没有从系统思考的角度考虑到对课程整体性的规划，也没有让学生进行实际操作或者给学生提供场景演练的机会。课程设置方面，没有对课程体系形成完整的正确认识，无法正确把握教育改革的核心与方向，因而无法对学生进行专业性的引导和指导，使得大部分学生对学习兴趣不高。高校在课程建设和人才培养模式改革中，普遍存在的现象是，教学活动脱离"以学生为主体"的原则，严重影响着我国高校教育的教学质量与水平。

## 二、高校课程建设与人才培养模式改革问题的相关策略

### （一）加强课程建设和人才培养模式改革与实践的结合，构建完善的课程体系

人才培养模式改革必须紧跟社会发展脚步，过去仅以教学内容为基础的教学模式，虽然也取得了一定的成绩，但是严重限制了学生创新思维的发展，限制学生综合能力与实践能力的提升。所以，高校应该建立系统性的课程体系，既要考虑公共课和专业课相结合，也要重视理论基础与专业实践相结合。比如，我们要从课程建设与人才培养模式改革入手，就必须加强校企合作、工学结合以及实习等多元化的教学模式，无论从培养方案上还是从

教学模式上来说，建立以就业为导向的教学理念与教学方法。课程建设必须综合分析与考虑到课程设计与课程实施这两个要素，二者是不可分离的。也就说课程建设务必与课程设计和课程实施保持一致，例如，以真实的案例作为导入来设置教学任务，鼓励学生以小组形式完成任务，在实践活动中灵活运用所学的理论知识，为学生适应社会奠定良好基础。

### （二）转变培养模式，注重学生考核，加强课程建设的有效管理与激励

实践性和应用性是课程建设及人才培养模式改革的核心，在教学活动中鼓励老师和学生深度合作与交流。例如，老师可以根据教学任务介入互联网来扩大教学内容，有机结合相关知识、时代发展趋势以及学生学习需求等，在游戏中设置相应的课程知识，让学生在游戏中运用理论知识，促使理论知识与实践活动相结合。同时，这样的教学活动可以更有效地反映学生的特点和基础水平，老师根据学生知识掌握程度开展后续的辅导工作。尽力完善课程与教学环节质量标准，合理配置资源，开展教学结果的管理和评价。此外在整个游戏教学活动中，除了激发学生对知识的学习热情之外，还可以改变传统满堂灌的教学方法的弊端，充分发挥学生的主体地位，培养学生自主学习能力与创造力，帮助学生形成正确的学习习惯与价值观。人才培养模式的改革应该着眼于学生的创新意识和能力的培养，不是针对学生进行传统的精英主义教育。课程建设与人才培养模式改革应对人财物等要素进行有效配置，尤其是对于部分高校重研究轻教学这个问题，更应该加强课程建设和人才培养模式改革与教学管理和激励措施相结合，进一步提高教学质量与水平，实现教学的目的，为给社会输送大量复合型人才创造积极条件。

### （三）加强教师培训培养，明确教师在课程建设与人才培养模式改革中的主体责任

教师是教育活动开展的引导者与领路人，针对师资力量不足以及课程建设或人才培养模式改革经验不足的问题，可以组建相关的教育部门或者组织，对教学工作者进行定期培训，包括理论知识、实践技能与职业素养等多方面的内容，尤其要尊重每一位教学工作者之间的个体差异，在培养方式上遵循开放性原则。所谓的开放性原则指的是听取其他人员包括学生的反馈与建议，创新教学内容与教学形式，通过集中探讨或者研究的方式学习新的教育理念，尤其对基础较差的教学工作者来说是一种较为完善的培养方法。教师综合素质的高低直接关系到学校教育水平的好坏，更直接关系到学生的成长，因此加强教师综合素质的提升具有重大意义。

## 第五节　基于完全学分制的高校课程建设

我国高校存在课程理论研究相对滞后、人才培养目标定位太高、课程类型设置不合理

等问题。完全学分制视域下,高校应以学生为本,适应科技迅猛发展与信息社会对人才的多元化需求,坚持个性化、开放性原则进行课程体系建设和优化,将课程与学科发展前沿对接、与职业标准对接、与国内外高水平高校对接,在课程改革创新中,积极探索构建"通识教育课程＋创新创业教育课程＋专业教育课程＋实践教学环节"的模块化课程体系。

当前,在我国高校中有学年制、学年学分制与完全学分制等教学管理体制。学年制要求学生按照教学计划在规定的年限内修完全部规定的课程,各门课程均考试合格后获得毕业证和学位证。学年制下学生被动接受学校安排的教学任务,缺乏学习自主权,个性没有得到充分尊重,学习兴趣不浓,因材施教难以彻底落实。随着高等教育改革力度不断加大,多数高校的教学管理体制由学年制向学年学分制转变,一部分办学实力较雄厚的高校正探索推行完全学分制。完全学分制是指以选课制为基础,融弹性学制、导师制等辅助制度于一体,学生按规定修满最低要求的总学分就能毕业的教学管理制度。完全学分制在人才培养方案中设置必修课程、选修课程、核心课程、课题研究课程等,明确各类课程的比例、各门课程及教学环节的学时量、学分额度及准予学生毕业的最低总学分,学生根据知识基础、智力水平和经济状况等,自由选择课程、任课教师和上课时间,积极性和主动性能够得到充分发挥。完全学分制的前提是选课制,这必然要求高校构建出种类、数量和质量都能满足需要的课程体系,并且课程体系建设要做到与时俱进,知识结构不断充实与更新,形成健康的生态系统。因此,分析我国高校当前课程建设的现状及存在的突出问题,探究完全学分制视域下课程建设方法与路径,具有很强的理论价值和现实意义。

## 一、完全学分制视域下我国高校课程建设现状

课程体系是高校培养人才的主要载体,是知识信息、教育理念、科学原理、技能方法等付诸培养人才的媒介。完全学分制下,课程建设质量决定着高校人才培养质量。受传统学年制教学管理制度的影响及办学基础设施相对匮乏的限制,我国高校课程建设的滞后性阻碍并制约着完全学分制的顺利实施。

### (一)课程理论研究相对滞后

课程理论创新一直是世界教育研究领域的焦点。我国课程理论研究时间较短,基础比较薄弱,课程理论与课程建设实践脱节,研究动力严重不足,尤其在完全学分制视域下研究课程建设的成果少之又少。高校对课程理论研究不够重视,导致课程体系建设缺乏长远战略规划,多照抄照搬,很少扬弃优化,缺乏现实针对性与实践性,过分注重课程的学术性,内容艰涩难懂,导致教育教学质量下滑。

### (二)人才培养目标定位太高,课程内容不尽合理

近几年我国高等教育发展提速,正从大众化阶段逐步走向普及化,高校的办学类型与人才培养层次划分日渐明朗。学术研究型、应用技术型、职业技术型等不同类型与层次的

高校在教学资源、办学特色、人才培养模式等方面存在差异，在经济社会发展中服务的方式与发挥的作用也不尽相同。尽管如此，许多地方性普通高校仍坚持将"学术研究型人才""应用研究型人才""高级管理人才"等作为人才培养目标，受精英教育影响太深，没有结合学校特点、不同专业的特色和所在区域经济社会发展需求科学确立各专业人才培养目标。完全学分制下高校应适时调整人才培养目标，根据内部条件和外部需求审时度势，打造出更加科学合理的课程体系。

### （三）课程类型设置不合理，比例失调

完全学分制下人才培养目标规定着课程体系中各类课程及教学环节等所占的比重。然而目前高校课程体系建设问题突出，严重制约着完全学分制的推行。

必修课程多，选修课程少，不利于培养学生的创新精神与创造能力，也无法彰显学生的爱好和个性追求，会压制学生学习的积极主动性。某些高校必修课程竟然达七成以上，选修课却不足三成，学生自主选择的空间十分狭小，必修课课业繁重，选修课的作用也受到限制。选修课数量少且内容比较单一，对学生个性发展极为不利，导致学生知识面狭窄，思维僵化，能力和素质得不到全面提升，缺乏分析、理解问题的能力，缺乏创新与创造力。

理论课程多，实践课程少，学生技能素质偏弱。实践性课程尽管已受到广泛重视，但由于国内高校资源和师资不足等原因，实践课比例仍偏小。与国外高校相比，学生实践环节的课时数量还有较大差距，这对培养学生实践能力和创新意识极为不利。

单学科课程多，跨学科课程少，部分课程知识缺乏逻辑融合，对培养学生解决实际问题的能力极为不利。跨学科课程摒弃了单学科课程知识单一狭窄的弊端，注重知识的内在联系，有利于学生构建和形成综合系统的知识结构。但目前在高校课程体系中单学科课程占主流，新兴学科与传统学科的课程融合度不高，跨学科课程数量仍偏少。

科学课程与人文课程比例失调，科学理论与人文知识缺乏融合。教育的根本目的是立德树人，其目标在于促进人的全面自由发展。一般地方性高校的课程设置不够丰富，理工科学生对人文、社科、艺术等缺乏常识和理解，而文科学生对自然科学领域知识缺乏感知，不利于学生树立科学的世界观、人生观及价值观。

课程体系中方法论、信息技术类课程所占比重太小，导致学生获取知识能力不足，终身学习乏力。方法论类课程旨在为学生提供科学的思维模式，帮助学生提高基本素质和竞争力。在知识经济和信息化时代，"互联网+"已上升为国家行动战略，使学生具备获取信息、分析信息、选择信息、处理信息的能力是当今时代的要求。高校增设方法论与信息技术类等课程，对于学生适应未来经济社会发展和培养应对各种新挑战的能力非常必要。

### （四）课程知识陈旧，与时代前沿和社会应用脱节

受传统学年制的影响，高校专业设置细而窄，课程内容落后于时代前沿，学生从中几乎接触不到本专业的最新研究成果及应用情况，无形中制约了完全学分制的顺利推行。据

笔者走访了解，用人单位称，毕业生在实际工作中课程知识应用率不足五成，相当数量的毕业生不能将所学知识转化成岗位业务能力。有近四成的毕业生提出，在校学习的知识与社会需求脱节；有三成多的学生认为所学知识过于陈旧，如果要了解新的研究成果与技能，还得通过查阅资料、读书、自我训练、上网等方式充电。

### （五）课程体系国际化程度低

课程体系国际化是高等教育国际化的重要标志，高校课程国际化水平偏低制约着完全学分制的实行。主要表现在：外语课程单一，教学手段落后，专业外语课程建设力度不足，发展缓慢；课程输出与输入不平衡，国内高校接收和吸纳世界先进国家课程成果较多，自身优秀课程成果输出较少，课程体系尚未形成国际竞争力；互联网平台、多媒体技术、信息技术等在课程国际化建设中的作用发挥不够，对世界知名大学课程资源的利用程度比较低。

## 二、完全学分制下高校课程体系建设和优化的原则

当今，素质教育、创新教育、终身教育理念更加深入人心，高校推行完全学分制管理体制成为重要选择。在课程体系建设过程中，高校应把社会需求的外在价值、学科知识的认知实践价值与学生发展的本体价值辩证统一起来，彰显课程服务社会发展的功能与意识，使课程建设旨在促进学生知识、能力、素质的全面提高与协同发展。

### （一）以学生为本原则

高校课程体系建设与优化要以学生为本，按照学生身心发展特点，整合资源设置课程，以促进学生全面发展。课程体系建设要从突出课程内容转向强化培养学生的健全人格；从突出课程表现形式转向促进学生全面自由发展的课程内涵建设，强化通识教育，最大限度地开发他们的潜能，高度重视培养学生的主体意识及创造性，为学生适应未来社会发展与终身学习奠定基础。

### （二）适应性原则

高校课程体系建设与优化要主动适应科技迅猛发展与信息社会对人才的多元化需求，科学调整课程体系建设目标，着重培养知识丰富、能力突出、有较大发展潜力的高素质复合型人才。

### （三）个性化原则

课程体系是教育活动动态发展变化的生态系统，不同类型、不同层次高校的课程体系差别较大。高校要根据自身办学类型、层次和人才培养模式，以凸显本校学科专业特色为基点，坚持个性化原则进行课程体系建设和优化，构建出具有独特个性特质的生态课程体系。

## （四）开放性原则

高校课程体系的开放性原则体现在课程与外界之间能够快捷便利地交流信息。教育是社会大系统中的重要系统之一，时刻与经济、政治、科技等其他系统之间发生着信息交换与知识结构重组。因此，高校课程体系建设和优化要坚持开放性原则，与时俱进，有计划、有步骤地更新课程知识结构。

## 三、完全学分制下高校课程建设的方法与路径

完全学分制下，现代大学教育理念、课程建设理论将有目的、有步骤地转化为课程形态，构建和优化课程体系是一项复杂的系统工程。高校要依据自身的办学定位和人才培养目标，将课程与学科发展前沿对接、与职业标准对接、与国内外高水平高校对接，在课程改革创新中，高校要积极探索构建"通识教育课程＋创新创业教育课程＋专业教育课程＋实践教学环节"的模块化课程体系。

完全学分制的前提是选课制，增加课程种类和数量常态化才能满足需求。高校要依据办学实践和区域经济社会发展需要，整合师资力量，每年培育新开课程要达到课程总数的2%，在不久的将来，高校开设课程的总数要达到在校生总数的10%以上。

### （一）丰富课程资源，增加课程种类与数量

高校有能力开设种类丰富、数量充足与质量过硬的课程，是推行完全学分制的前提。目前，哈佛大学一年能开出2万门课程，而我国高校一般仅能开出1000～2000门课程。可见，高校加强课程建设，不断充实"课程库"任重道远。

推行完全学分制，高校必须构建由基础课、专业课和公共选修课组成的课程体系。具备条件的高校还要针对有科研天赋的学生增设课题研究课程，推动科研促教、科研促学。麻省理工学院创始人罗杰斯说，培养学生专业能力的最有效途径，是教学、研究与关注真实世界问题的结合。推进我国高校课程体系建设的重要抓手，实际上就是开发以课题研究为中心的课程。高校要制订大学生科研计划，组织他们进入课题组，参与教师、研究生的科研项目；动员大学生进入企业、政府行政机关、其他教育机构、研发机构、科研院所等从事科研及实习实践，培养学生合作意识，提高学生交流表达以及独立解决实际问题的能力。

在师资相对紧张的情况下，适当增加教师数量能够扩充课程数量。在此基础上，高校可以明确规定：助教必须有能力开设1～2门课程；讲师必须有能力开设2门及以上课程；副教授必须有能力开设3门及以上课程；教授必须有能力开设4门及以上课程。否则，该教师不能享受相应的职级待遇，或者适度降低其绩效工资。高校应将教师评优、职级晋升与开课数量、质量挂钩，倾力打造全能型教师团队。全能型教师具备"教科书""社会通""个别辅导专家"三大功能。鼓励全能型教师多开课、开新课、开好课。同时健全机制，激励全能型教师团队跨学科、分领域培育若干大类彰显本校办学特色的核心课程体系。

## （二）合理调整课程结构，加强通识教育

完全学分制下，高校必须精心进行科学设计，使课程容量与实际选课保持一定的比例。一般情况下，公共基础课容量与实际学生比例为 1.6∶1；专业基础课程容量与实际学生比例为 1.4∶1；专业课容量与实际学生比例为 1.2∶1；公共选修课容量与实际学生比例为 2.3∶1；核心课程容量与实际学生比例为 2.5∶1。以上比例设置仅供高校参考，应因地因时变通。

普通教育和职业教育携手并进，使通识教育课程的价值更加凸显。高科技发展日新月异，社会分工愈加精细，知识的关联度不断提高且知识应用逐步走向整合，未来最具竞争力的是 T 形多元化知识结构，既广博又专精。鉴于此，高校课程体系的建设与优化既要以专业课程为主导，又要强调知识的职业性、适用性与广泛性。高校要强化通识教育，实施跨学科、跨专业的联合，保障学生未来发展所需的知识、能力、素质协调进步。高校要由传统的专业知识教育转型为夯实基础的专业素质教育，全面提升学生的综合能力和素质。

## （三）科学教育与人文教育相融合，优化课程体系结构

1952 年，我国高校进行了院系调整，极端加强高等教育"专业化"，导致科学教育与人文教育长期分离。科学教育与人文教育在课程体系中充分融合的重要途径就是培育跨学科、综合化的核心课程，核心课程对于提升学生核心竞争力具有重要意义。如哈佛大学推行完全学分制，改造形成了涵盖七大领域的核心课程体系，即外国文化、历史学、文学和艺术、道德伦理、定量推理、科学及社会分析。北京大学也将公选课划分为五个基本领域，即数学与自然科学、社会科学、哲学与心理学、历史学、语言文学与艺术。这些具有开创性的做法对于一般高校都具有借鉴意义。

高校要逐步加大选修课、实践课比重，使课程体系中各类课程比例更趋协调，结构逐步合理。未来高校选修课学分占总学分比例要达到 40% 以上，人文社科类、理工农医类专业实践学分占总学分比例要分别达到 20% 与 30%。

推行完全学分制，要科学设计人才培养方案，加强模块化课程建设。模块化课程是指依据相关主题，将人文、社会、自然、工程等不同学科知识进行系统融合的课程，尊重知识整体性、学科交融性及学生个性要求，是高校课程体系建设和优化的必要途径。为避免学生盲目选课，培养高素质复合型人才，还需加强导师指导力度。学生通过专业方向选修模块化课程，可获得比较系统的专业知识结构，有助于专业分流与激发自身职业兴趣。

实践课程对于培养学生的实践能力和创新能力尤为重要，学生的知识、能力、素质都需要经过实践的磨炼才能全面协调可持续发展。国外大学十分重视对学生动手能力的培养。如"手脑并用创新世界（Mind and Hand）"既是麻省理工学院的校训，也是课程模式。国内高校课程体系中理论课与实践课的比例尽管有所好转，但仍不尽合理。据调查，高校现在实践性课程仅能占到总课时的 15%～25%（国外大学通常在 35% 左右）。高校在课程建设和结构优化中要强化实践教学环节，不断拓展、丰富实践类课程。

## （四）开设国际化课程，创新课堂教学形式

国际化课程对于培养具有国际视野和国际交往能力的人才具有重大作用。高校应在教育国际化中不断对课程体系进行优化设计，既要对本国课程进行扬弃，又要借鉴世界其他国家优秀课程成果，努力打造既具有本国风格又具有国际视野的课程体系。

高校要充分利用国际互联网的资源优势，发展网络信息技术，构建网络课程平台，发挥"互联网+"的优势，将国内乃至世界知名大学优质课程纳入本校学生可研修认定的学分范围，计入所修学分总数。"互联网+"背景下，加强课程国际化建设，扩大本校课程影响力，高校还应努力推动外语课程、双语教学课程、全英语式等涉外课程建设，同时运用科技最新成果，革新教育手段和教学方法，改变灌输式授课，根据学生兴趣，开展问题式学习（PBL）、案例式学习（CBL）、团队式学习（TBL），让学生成为课堂的主人、教师成为课堂的引导者。

# 第六节 一流学科发展视域下高校课程建设

课程是一所大学科研与教学综合水平的体现，是培养人才的主阵地，是高校做好人才建设工作的关键环节。在发展一流学科的宏观背景下，做好高校的课程建设工作既是高校实现内涵式发展的刚性需求，也是回应时代发展的外在诉求。但是，受惯性思维的影响，不少高校在课程建设理念、课程结构体系和课程评价机制等方面依然存在问题，给一流学科的建设工作带来不小的影响。高校需要在"一流学科"发展视域下更新课程建设理念，重构课程结构体系，改革课程评价机制，做好优质的本科课程建设工作，实现我国高等院校内涵式发展、"跨越式"发展。

2015年10月24日，为了加快我国高等教育的建设工作，国务院印发《统筹推进世界一流大学和一流学科建设总体方案的通知》（以下简称为"双一流"建设方案），方案中明确提出"建设一批进入世界一流行列或前列的学科"。这是新时代我国高等教育实现内涵式发展、"跨越式"发展的指引性文件。课程教学是高校人才培养的主要方式，没有一流的课程，"双一流"建设方案的开展将举步维艰。想要做好一流学科的建设工作就必须思考如何做好优质的本科课程建设工作。

## 一、课程建设：一流学科发展的必然诉求

作为高校人才培养模式的核心要素，围绕大学课程建设的相关研究不胜枚举。早在20世纪50年代，钱穆先生就曾指出"现代的大学教育是以课程为中心的教育"。布鲁贝克也指出，"作为现代社会的思想库，大学的思想主要依靠课程传递"。从某种程度上来说，课程是一所大学科研与教学综合水平的体现，是培养人才的主阵地，是高校做好人才

建设工作的关键环节。在发展一流学科的宏观背景下，做好高校的课程建设工作既是高校实现内涵式发展的刚性需求，也是回应时代发展的外在诉求。

### （一）回应新时代高校内涵式发展的必然诉求

"当今世界正面临百年未有之大变局"，技术革新层出不穷，社会变革步伐加快，中国特色社会主义进入了新时代，社会主要矛盾发生了重大变化。为人民群众提供优质教育以满足"人民日益增长的美好生活需要"，是当前高校的重要任务。高校应如何为人民群众提供优质的教育？首先需要创新人才培养模式，而创新人才培养模式的着力点在于做好高校的专业建设与课程建设工作。课程是高校为学生提供的最基本的服务，是做好高校人才培养工作的重要支撑，也是高校提升人才培养质量的关键切入点。高校应结合自身定位做好课程建设工作，通过科研与教学的融合、产业与教学的融合提升人才培养的质量，回应新时代高校内涵式发展的时代诉求。

### （二）创新高校人才培养模式的必然诉求

国务院下发的"双一流"建设方案对高校提出的一项重要任务就是培养适应时代发展需要的创新型人才。建设一流的大学、一流的学科，其根本目的都是实现一流的人才培养。做好课程建设工作是创新高校人才培养模式，实现一流人才培养的必然要求。高校应该意识到，课程是高校为学生提供的最基本的服务，做好课程建设工作是回应一流大学专业建设的重要途径。高校要通过变革教学方式，将培养新时代社会主义事业建设者的理念深深融入课程教学中，重构教育理念，以"厚基础、宽口径"的人培养思路做好课程建设工作，实现人才培养工作的跨越式发展。

### （三）稳步推进"双一流"建设工作的必然诉求

自2015年发布"双一流"建设方案以来，国家高度重视高校的"分类发展、分类管理和分类考核"，通过一系列措施促进高等院校发展。2017年10月，习近平总书记在十九大报告中明确提出"要加快一流的大学和一流学科建设，实现高等教育内涵式发展"。课程是高校开展教育工作的着力点，高质量的课程体现着一所高校的教学理念与科研实力。一流的大学需要一流的学科，一流的学科必然要求一流课程的支持。因此，做好高校的课程建设工作是稳步推进"双一流"建设工作的必然述求，也是"双一流"建设背景下高校课程变革的根本动因。

## 二、高校课程建设的问题审视

当前，全国各地高校在"双一流"建设方案的指导下开展了有声有色的课程改革工作，为提升高等教育的人才培养质量做出了巨大贡献。但是，受惯性思维的影响，不少高校在课程建设理念、课程结构体系和课程评价机制等方面依然存在问题，给一流学科的建设工作带来不小的影响。

## （一）课程建设理念滞后

在"双一流"建设方案的指导下，各地高校依托办学特色开展了各式各样的人才培养方案改革。但部分高校的课程建设理念滞后，并没有彻底扭转课程建设中重理论、轻实践，重课内、轻课外，重育才、轻育人的现象。

首先，课程建设重理论、轻实践是指高校的课程教学中过于重视理论讲授，忽视实践教学环节。无论是在教学方案的制订、教材的选购、教师的授课上，还是教务处牵头进行的教学质量监控上，不少高校依然沿袭传统的"重理论讲授，轻实践教学"的课程建设理念，在理论课程上的把关极为严格，而对实践教学的管理重视不够。其次，课程建设重课内、轻课外主要表现为高校高度重视课堂教学质量，重视课题教学个性，重视教师在课堂上的表现，但对课外实践活动的重视度不够，部分高校甚至忽视课外实践教学环节，这是不利于全面培养学生的实践动手能力的。最后，重育才、轻育人表现为不少高校的课堂教学环节只重视知识的传授，忽视对学生品德的培养。

## （二）课程结构体系失调

保障高校人才培养质量的关键在于设置科学合理的课程结构与完整的课程体系。当前，部分高校虽然开展了形式多样的课程改革，但在课程结构体系上依然与"双一流"的要求存在差距，主要表现为以下几个方面。

部分高校的专业课程多，通识课程少。以专业知识为支撑、满足社会对相关职业需求为导向的专业课程历来是高校重点关注的课程内容，在课程体系中占有相当大的比重。通识课程则是为了拓宽学生的知识面，提升学生的人文科学素养而开设的课程，如上海大学的"大国方略"系列通识课程是在聚合了多门学科知识的基础上，为培养高素质复合型人才而开设的课程，讲课人均为上海大学知名的专家与学者。但是，目前，不少高校并没有如上海大学般重视通识课程的开设，没有形成具有办学特色的通识课程体系，大多数通识课程以选修课的形式开展，考核简单。

部分高校的显性课程多，隐性课程少。显性课程是指学校正式开设的课程，无论学校、教师还是学生均高度重视。显性课程有明确的课程目标、教学计划、课程考核方案，也有与之配套的教材，是学校课程建设的主体。隐性课程则是伴随正式课程，以讲座、实践活动、校园文化建设等形式出现的看不见、摸不着的课程。这些课程看似没有正式的课表，也没有固定的课程教学实践，却在校风学风建设中起着非常重要的作用，并在潜移默化中深刻地影响着学生的精神世界，对高校的学生德育工作有着非常重要的意义。然而，在部分高校，隐性课程的教学实效并没有得到应有的重视，隐性课程在育人上的作用并没有得到充分的体现。

## （三）课程评价机制同质化

科学的课程评价机制对课程建设起着导向和控制作用，是做好课程建设的重要环节。

但是，目前，不少高校的课程评价机制同质化现象较为严重，评价主体单一，课程考核方式单一，学科特色彰显不足，与"双一流"建设工作的要求仍然存在不少差距，具体表现如下：以学校为主体的课程建设评价方式没有充分考虑产教融合，课程考核与产业要求脱节较为严重，人才培养难以满足当前中国产业结构升级转型对人才培养的需求。同时，停留在理论课程考核层面，以学科知识分类的课程考核要求对学生知识的应用考核力度较小，使得教学中教师与学生也不太重视应用环节。最后，以传统闭卷考核为主的课程评价方式让不少学生为了应付考试，采用了"考前死记硬背、考后全还给老师"的学习方式，与一流大学、一流学科的人才培养目标相悖，造成了人才培养资源的浪费。

## 三、一流学科发展视域下的课程建设策略

为了完成国家"建设一批进入世界一流行列或前列的学科"的战略部署，高校要加快课程建设步伐，从革新课程建设理念、重构课程结构、改革课程评价机制这三个方面做好一流学科发展视域下的课程建设工作。

### （一）革新课程建设理念

2018年，陈宝生部长在全国高校本科教育工作会议上提出，我国的本科教育课程应建设有深度、有难度、有调整度的"金课"，要侧重培养学生的实践动手能力与创新应用能力。这对一流学科发展视域下的高校课程建设工作提出了新要求。高校应革新课程建设理念，扭转当前课程建设重理论、轻实践，重课内、轻课外，重育才、轻育人的现象，围绕办学特色重构课程教学。首先，要转变重理论、轻实践的教学理念，加大实践课程比例，重视组建应用型课程群。高校要围绕专业特色与学科特点，以服务社会为目标，在课程建设中加入与行业前沿发展动态相关联的教学内容，构建既有理论基础又有实践特色的课程体系。其次，要转变课程建设重课内、轻课外的现象，调整课程类型结构，重视多样化的课程实施路径，打造校内校外一体化的开放式课堂，通过产教融合，突破传统课程建设的单一路径。另外，要借助"互联网+"，打造线上线下一体化智慧课堂。最后，要通过打造"思政课程"与"课程思政"的同向同行协同育人机制，实现专业课程教学的育人工作，构建"全程、全员、全方位"的立体育人体系。

### （二）重构课程结构

一流学科发展视域下重构高校的课程结构，需要合理规划专业课程与通识课程的比例，并做好显性课程与隐性课程的融合。一方面，高校应增加通识课程门数，拓宽通识课程的学科领域，帮助学生养成多学科视角，形成多学科的知识结构。同时，高校还应给予学生的一定自主权，为学生提供较为丰富的选修课程，从提升学生学习兴趣和学习自主权的角度，拓宽学生的知识领域。另一方面，学校不光要重视显性课程的开设工作，也要重视隐性课程的教育工作，要通过做好校园文化建设工作，借助社会热点事件开展系列讲座，或

者学习上海高校开展的"课程思政"教育思路，多渠道、多途径发挥隐性课程的协同育人效应。

### （三）改革课程评价机制

改革高校的课程评价机制，通过引入多元化的评价主体、完善的评价指标和多元的考核评价方式，构建科学的课程评价机制。首先，要在课程评价中引入企事业单位的优秀一线工作人员，动态调整课程建设评价指标，确保高校的人才培养方向与社会需求一致。其次，要完善高校的课程评价指标，加大实践课程的考核评价力度，重视借鉴行业标准，对学生的实践表现和实践成绩进行严格考核，促使学生重视实践环节，从而提升学生的实践动手能力。最后，要拓宽课程考核方式，适当下放课程考核权力。学校要改变当前必修课以闭卷理论考核为主的考查模式，加入企业调研报告、作品创作、课题研究等多元化的考核方式，鼓励教师以开放性试题考核学生知识应用的能力。

总的来说，一流学科视域下的高校课程建设工作是一项系统性的工程，需要学校领导与二级院系的共同努力。学校要以一流学科建设工作为契机，革新课程建设理念，重构课程结构，改革课程评价标准，深入推进课程建设改革，培养一流的应用型人才。

## 第七节　应用型高校在线开放课程建设原则、模式、评价

我国教育行政管理部门高度重视在线开放课程建设，制定了明确的发展意见和发展规划。经过近五年的发展，在线开放课程已经成为我国高等教育一个十分突出的亮点。应用型高校应抓住机遇，充分利用在线开放课程的优势，促进自身转型发展。在这一过程中，关键是要结合实际，积极借鉴国内著名高校和在线开放课程平台的建设经验，确立符合应用型人才培养实际需要的建设原则、发展模式和评价机制。

2015年，教育部、国家发改委、财政部出台了《关于引导部分地方普通本科高校向应用型转变的指导意见》，要求并鼓励我国部分地方本科院校向应用技术型大学转型发展。地方本科院校转型发展，就是要与市场紧密对接，培养适应地方经济社会发展所需要的应用型高级专门人才。转型发展的核心是课程转型，使课程教学转到应用型人才培养的实际需要中来。以慕课为代表的在线开放课程正在引发高等教育领域前所未有的大变革，它以开放、灵活、自主、交互等突出优势为众多高校所青睐。一批国内著名高校引领、主导着慕课课程的建设和发展，清华大学的"学堂在线"、上海交通大学的"好大学在线"等发展成为国内主流慕课平台。网络媒体推出的在线教育平台如中国大学在线开放课程、"智慧树"和"超星慕课"发展强劲，汇聚了以国内著名高校为主体的一大批优质在线课程。一方面，这些主流平台和优质课程的上线，有力地弥补了应用型高校优质课程资源的严重不足；另一方面，优质的线上课程为应用型高校的在线开放课程建设提供了更多的经验借

鉴。以地方院校为主体的应用型高校也在逐步建立自己的在线开放课程体系和平台。如深圳大学主导的 UOOC 联盟已发展成为全国地方院校的共享平台，目前该平台共有课程 263 门，涉及 10 大学科门类。经过近五年的发展，我国大学在线开放课程取得了十分重大的成绩，正如教育部高教司司长吴岩所说，"中国在慕课建设上起步不晚，跟世界最发达高等教育强国在同一起跑线上，如今中国的慕课数量已经稳居世界第一"，并且还将继续成为书写我国高等教育"变轨超车"的"奋进之笔"和"得意之作"。毫无疑问，在线开放课程建设已成为一种国家教育发展战略，必须全力推进。应用型高校应在国家教育战略的号召下，积极借鉴国内著名高校在线开放课程建设的经验，确立符合本校应用型人才培养实际需要的建设原则、发展模式和评价机制。

## 一、应用型高校在线开放课程建设原则

《教育部关于加强高等学校在线开放课程建设应用与管理的意见》（教高 [2015]3 号）明确指出，我国在线开放课程建设要立足自主建设，注重应用共享，加强规范管理，从宏观上将我国在线开放课程建设的路径、机制和价值进行了科学引导，并没有从微观上对不同地方、不同类别、不同层次的高校在线开放课程建设进行约束性鼓励，这分明是在给应用型高校更大的自主空间，以发展更符合自身需要的在线开放课程。我国应用型高校在线开放课程的建设目前呈现出"起步晚、困难多、进展慢、效果差"的特点，其主要原因就在于应用型高校对在线开放课程建设原则的认识还处于模糊不清的状态，由此导致建设思路、建设措施不能落地生效。因此，首当其冲必须对应用型高校在线课程建设原则进行科学描述。

产教融合原则。应用型高校最突出的特点就是应用性。建设一批应用性课程是应用型人才培养的最为重要的保障。高校无论是文化传承还是科学研究，抑或是社会服务，都具有很强的学术性，但随着我国经济结构的转型，高校的学术性课程远不能满足校外人才市场对学生实践能力的需要。近几年，国家大力倡导产教融合，使高校与企业紧密合作，形成良性发展的协同育人机制，这主要是因为企业有学科发展赖以生存的生产流程，生产流程可以深化学生对学科的认识，并提高其实践能力。应用型高校，仍然以传统课堂为依托，教授学生专业知识，学生学习活动循环在抽象知识识记和抽象思维分析过程中，这对于培养研究型和创新型人才，是一种很好的教学方式，但对于应用型人才培养而言，则不利于快速解决实际问题，也很难提高学生的实践能力。应用型高校在线开放课程建设应与企业紧密对接，开发和建设人才培养方案中的生产实践环节课程。一方面将工艺流程课程化，解决实践教学的不系统性问题；另一方面通过生产经验丰富的工程师传授实际生产经验，增强学生的应对能力。大批建设这样的课程，不仅有助于大幅度提高学生的实践应用能力，更有利于促进教师改革教学方法，提高教学能力，吸引学生回归课堂，专注实践。

示范引领原则。不少应用型高校对于在线开放课程建设存在着动力不足、影响不大、

行动迟缓的现状，掀起应用型高校在线开放课程建设的浪潮还需要一个过程，需要高校通过积极引导、政策推动等多种方式使教师变被动为主动，从"要我建设"过渡到"我要建设"的发展阶段。在我们看来，示范引领犹如春风化雨，要比政策措施的强力推动更有影响力。如何引领？一是要树立品牌。品牌的培育至关重要。品牌有一个重要的因素，那就是教师。应用型高校应解放思想，不必把品牌和"高职务""高职称""高学历"的教师完全划上等号，而应突出"高活力""高水平""高效益"，只要教师能够把课程建成"高活力（深受学生欢迎）"、"高水平（教学水平较高）"、"高效益（教学效果较好、关注度高）"的在线开放课程，就是应该树立的品牌。二是要加强宣传。品牌在线开放课程不能孤芳自赏，而应融入学校、融入社会。融入学校形成广泛的认同感，其他教师会不自觉地萌发在线开放课程建设的冲动，进而启动在线开放课程建设计划。融入社会形成对比的优越感，学习者会报以更高的关注度，学校领导亦会更加重视，职能部门亦会提出更优的保障措施。三是要聚力研究。通过对在线开放课程的研究，全面了解在线开放课程对不同专业建设的积极作用，形成各学科专业的在线开放课程建设模式。这本身就是一种引领。

　　建用结合原则。在线开放课程与传统精品课程相比较，一个突出的优势就是重在应用。传统意义上的精品课程将课堂搬到网络，但又缺乏强大的网络支撑平台，致使课程处于静态，这在应用型高校尤为明显，不少课程为申报而建设，不少课程立项后无人管理。《教育部关于加强高等学校在线开放课程建设应用与管理的意见》强调"采取先建设应用、后评价认定的方式"，赋予了在线开放课程建设的生命价值，清除了传统精品课程的弊端。应用型高校通过加强建设，建成符合自身人才培养切实需要的课程体系，验收通过后，采用完全的线上教学、线上线下混同教学等多种方式使课程迅速投入应用，充分发挥课程建设效益。在线开放课程的另一个突出优势是资源共享。应用型高校根据自身人才培养的实际需要，通过引进优质的在线开放课程，为我所用，既可以深入了解其他高校课程建设情况，汲取先进的建设经验，又缓解了自身因资金、技术、师资、人力等不足而导致的课程建设困难。据不完全统计，目前国内应用型高校基本采用以引进为主，以自建为辅的方式推进本校在线开放课程建设。以湖北工程学院为例，截至目前，学校建设在线开放课程共19门，引进外校在线开放课程124门。建用结合是当前应用型高校在线开放课程建设的一项重要原则，短期内还难以有较大变化。

　　特色发展原则。任何一个组织的发展，离不开特色，任何一所高校的在线开放课程建设也不能没有特色。应用型高校在线开放课程建设的特色发展应体现为三个层次。一是体现学校特色。学校特色是其对外彰显出的最为显著的标志，这种标志往往通过学校文化、学科优势、学术大师等体现出来。每一所应用型高校在长期的发展中，积淀出自身的质的规定性即学校特色。在线开放课程平台为每一所高校提供了一个均等展示的机会，毫无疑问平台首先展示的是高校特色的一面。因此，应用性高校在线开放课程的建设必须首先体现学校特色，将学校这种显著标志通过课程系统地呈现在用户面前，这也是用户的期盼。2018年初教育部公布的490门国家精品在线开放课程，绝大多数课程集中展示了学校的实力,体现了学校的特色。二是体现课程特色。当前,政府对在线开放课程建设虽然有明确的指导意见,但没有详细的规划方案,"大量重复建设的情况很可能会出现","这就要求各级政府部门把好关,并与各类学校及时沟通,与各大慕课平台紧密合作。其工作的着眼点是,要求各高校建设自己的优势专业课程或地区特色课程"。应用型高校自身应强化错位建设、特色发展的意识,尽量建设"人无我有、人有我优、人优我特"的课程。三是体现教师特色。教师是课程建设的主体,也是课程应用的主导,有特色的教师不仅能产生良好的教学效果,还能起到普遍的示范效应,激发广大教师对在线开放课程建设的热情。应用型高校在线开放课程建设不能面面俱到,更不能照搬照抄,而应有自己的课程观,建设适合自身需要的特色课程。

## 二、应用型高校在线开放课程发展模式

在线开放课程建设是一项复杂的系统化工程,建成一门课程所需周期较长,少则3个月,多则半年以上,不仅需要做好顶层设计,而且对教师本身的素质能力有着极高的要求。应用型高校必须做好统筹规划,科学安排,周密部署,在实践中探索行之有效的在线开放课程发展模式。

做好课程设计的分类指导。应用型高校大多有2000余门课程,从结构上看,有通识必修课、专业基础课、专业主干课、专业选修课、通识选修课;从形式上看,有长学时课程、短学时课程;从内容上看,有理工科课程、文史类课程、艺术类课程。对于不同类型的课程,在线开放课程的功能、标准、方法、面向不能完全一样,学校应进行分类指导。一般来讲,通识类课程受众面广,基础性强,无论是教学内容的设计还是教学素材的选择,都要考虑大多数学生的可接受性。除此之外,在教学的生动性和表现力上也应有更多的关照。而专业类课程主要面向有一定学科基础的专业学生,更应突出生产流程的直观性和学科理论的实践性,因此应更加注重教学素材的选择和教学内容的编辑。应用型高校不妨分三类来建设在线开放课程。一类是通识选修课,聚集一批学术造诣深厚,教学特色突出的教师开发有特色的校本课程,进行普适教育。一类是通识必修课,以知识为单位,以教学目标为类别,组建适应不同学科专业需要的教学团队,形成多师协同、分类推进的在线开放课程建设体系。一类是专业课程,将专业与行业紧密对接,将课程与生产切实融通,每个专业选取3-5门课程做试点,组建由校内教师、企业专家、行业顾问、政府管理人员共同组成的产教融合型教学团队,共同开发专业课程。

提供课程制作的多元平台。在线开放课程建设的核心环节是课程制作,如上所述建成一门课程所需周期较长,从国内高校的课程制作实践来看,几乎没有一所高校能够依靠自身的力量完成大批量的在线课程制作任务,企业成为在线开放课程建设的重要力量。据了解,武汉理工大学五年规划1000门在线开放课程,每年制作200门课程,竞标了多家企业参与制作。即便是国内著名的清华学堂在线,其课程制作也打上商业化的烙印。应用型

高校不仅自身条件不充分，而且还存在着资金严重不足的现实困境，按当下的市场估价，制作1学分课程约需10万人民币，完全依靠企业制作会大量增加高校的预算。应用型高校应考虑提供多元的制作平台，满足学校在线开放课程建设的实际需要。一是集中学校有限的财力，通过竞标的方式，遴选制作公司，制作竞争省级以上的"品牌"课程。二是依托学校信息技术服务职能部门的技术优势，制作校级品牌在线开放课程。三是依托有条件的院系的先进教学科研设备和专业技术力量制作本院系的在线开放课程。四是课程团队依托自身的力量，独立完成在线开放课程的制作任务。当然，挖掘和利用校内的多元课程制作平台，需要学校从政策层面予以适当的倾斜和引导。从远景发展来看，在线开放课程的建设将会有超级的智慧教室提供更多碎片化的学习情境，课程制作变为全自动的直播录播，当然这需要更为发达的科技和更为优质的条件作支撑。当下，多元化的制作平台恐怕是应用型高校的必然选择。

　　健全课程应用的运行机制。在线开放课程重点在建，关键在用。《教育部关于加强高等学校在线开放课程建设应用与管理的意见》明确指出，认定一批国家精品在线开放课程，采取先建设应用、后评价认定的方式。这既是引导高校转变以往精品课程建设的模式，又给高校提出了一个新的命题，那就是如何使课程应用达到理想的效果，能够成为精品。应用型高校必须充分领悟在线开放课程的价值，健全在线开放课程应用的运行机制。首先，要重塑教学流程。在线开放课程的应用既不是将传统课堂复制到网络上，也不是将在线课堂与传统课堂的简单结合，更不是将在线开放课程完全替代传统课堂，而是一种全新的教学模式。这种模式重塑了教学流程，转换了师生在学习中的角色中心地位。一是教师打破了传统教材体系，设计以问题为中心的8-15分钟的碎片化教学内容，改变"滚雪球"式的45分钟满堂灌的教学模式。二是网络嵌入反映学生知识点掌握情况的习题，使基本的教学目标及时实现。三是学生离开传统教室课堂，随时随地观看视频教学内容，进行过关练习，及时掌握基本知识点。四是学生在视频学习的基础上，根据各自掌握的情况，提出困惑或疑问，教师进行线上解答，师生在线上互动。值得一提的是，这个环节更能有效激发学生的个性化需求、质疑精神和批判思维，焕发出巨大的创造力。五是教师和学生重返教室课堂，教师一方面把视频教学不易展示的教学内容在课堂进行补充，另一方面针对教学中的知识难点和疑点，集中解答，深化教学内容，提高教学效果。六是在课程结束后，进行线上或线下考核，检验课程的教学效果。显然，"备、教、辅、改、考"的传统教学流程正转变为"学、思、反（反馈）、练、考"的新型教学流程，教师在教学过程中的中心地位逐渐淡化，学生开始走向教学活动的中心。应用型高校必须有新型教学流程思维，才能推动建立课程应用的运行机制。其次，要规范应用过程。当前，尽管应用型高校仍然以传统课堂为主，但越来越多的在线开放课程逐渐被应用，必须规范应用，形成明确的运行机制，避免应用困惑、应用迷茫，调动更多教师建设和应用在线开放课程的积极性。一是规范学时安排。应用在线开放课程应采取线上线下相结合的混同教学方式，根据课程属性不同，线上线下的学时比例应有所不同。大规模在线开放课程课程每学分至少安排2学时课堂教学，小规模的在线 SPOC 课程每门课至少安排 30%-50% 的课堂学时，确保教师合理安排线下教学内容和进度计划。二是规范辅导环节。自建在线开放课程，教师团队成员都可以成为辅导教师，但团队成员必须有明确的分工，周全的辅导计划，保证线下辅导的及时性、顺畅性。引进课程必须配备辅导教师，做好辅导计划，跟踪线上学习状况，及时进行辅导，形成线上有人监管，线下辅导及时的混同学习模式。再次，要通畅管理服务。在线开放课程的应用一定程度上也重塑了教学管理流程，需要革新管理理念，通畅服务环节，提高管理水平。一是要摒弃网络自主的管理理念。应用型高校的有些学生学习自觉性不强，学习动力不足，畏难情绪时有，因此不能用网络自主的理念来管理学生的学习过程，而要施以更多的关爱，监督学生学习行为。二是要做细重点管理环节，具体有选课环节、注册学习环节、教学变更环节、课程考核环节、成绩评定环节、成绩记载环节等。在这个过程中，职能部门、教学学院、教师本人都是管理者，都要结合课程平台，明确各自的管理职责，做细管理环节。

## 三、应用型高校在线开放课程评价机制

在线开放课程的评价是应用型高校不可回避的重要问题，合理有效的评价将直接决定着教师建设在线开放课程的积极性和主动性。在线开放课程是一个新生事物，发展时间不长，各高校特别是应用型高校更多地关注立项建设，对课程的评价研究不多，关注不够。教育部 2018 年 1 月公布了首批 490 门国家级精品在线开放课程，尽管没有公布具体评价标准，但是吴岩司长在首批国家级精品在线开放课程新闻发布会上的讲话，基本总结了评价的四个依据：一是课程质量高，高水平大学高职称教师领衔主讲。二是共享范围广，选课人数超过 10 万人次的有 78 门，占比 15.9%。三是应用效果好，学生受益，促进改革。四是示范作用强，已上线了 3200 门课程。这必将促进高校进一步研究在线开放课程的评价机制，深化在线开放课程建设。应用型高校应综合上述四个依据，从三个方面来建立和完善契合自身课程发展的长效评价机制。

课程制作评价。在线开放课程的制作包括两个方面：一是本体层面，二是技术层面。从本体层面来讲，首先是教学内容精。教师在对整个课程体系和内容充分掌控的基础上，精选能实现教学目标的教学内容；学生在短时的学习过程中注意力高度集中，教师的视频教学内容一般具有精炼性、针对性，而不必通过多次重复知识点予以强调。其次，教学团队整体水平高。无论是在线教学还是传统教学，教师的教都是决定学习效果的一个重要因素。高水平的教师团队，不仅能使学生学习更为专注，还能产生思想共鸣，激发批判思维。高水平的教师团还应具有一定的舞台表演能力。再次，教学设计有特色。在线开放课程能够利用现代信息技术弥补传统课堂的缺憾，把传统课堂不易生动展示的生产流程、具象模型、高深原理尽显出来，这就需要有特色的教学设计，把学生的思维引入整个学习情境中。从技术层面来讲，课程制作要有较高的平面（动画）设计水平。一是视频的场景布置要与

课程属性相协调，不同学科专业的课程属性不同，选择恰当的场景，有助于学生愉快地学习。二是嵌入的平面或动画要与知识点相吻合。教师应根据知识点的需要，制作、编辑一定的平面或动画素材，没有一定的设计能力，难以奏效。课程制作评价是课程质量的一个非常重要的组成部分，任何在线开放课程的评价标准都不应该忽视这一部分。

课程应用评价。应用评价是课程质量的直接而生动的标准，毫无疑问，没有人怀疑应用在课程质量评价中的重要作用。在线开放课程应用评价的依据至少包含三个要点：一是选课人数。传统精品课程最大的弊端就是呈静态，应用不广，在线开放课程的大规模和开放性，足以弥补这个缺憾。选课学习人数越多，表明课程越受欢迎。二是互动热度。互动是对基本知识点学习的深化，互动频率越高，意味着学习越深入，学生的思维愈活跃，发现问题越多，讨论也愈深刻，知识掌握也牢固。三是学习效果。学习效果最能反映课程应用的质量，当然学习效果包括过程评价和结果评价。互动热度无疑是一种过程评价的表现，各高校都开始重视和关注。作为结果评价的课程考核，仍然是检验学习效果的重要方式，应用在线开放课程进行教学和不用在线开放课程进行教学，用分数最能直接判断学习效果。

课程发展评价。在线开放课程不能也不应永恒不变，既要随着学科知识的发展不断更新，又要根据教学反馈的问题不断完善。在线开放课程的发展评价体现在两个方面：一是视频内容的发展。从教学设计的角度，及时补充、完善教学视频、作业习题、教学素材等资料，能够保持课程的生命力。二是教师团队的发展。在线开放课程的应用与课程教师团队成长相得益彰，应用较好的在线开放课程，不仅能提高教师团队的教学水平而且也能提高教师团队的教学管理水平。在线开放课程还是一个科学研究的平台，随着应用的深入，教师对学科课程的研究也会随之发展。因此，课程发展评价也是在线开放课程评价机制的一个重要方面。

# 第四章 高校课程建设模式研究

## 第一节 高校课程建设思维模式与方法

　　课程建设一直以来都是高校提高教学质量的着力点，是形成特色办学的基础，同时也是教学改革的突破口，因此不少学校在这方面都给予了较大的投入，也取得了一定的成绩。但由于缺乏完善的理论体系与统一的管理规范，课程建设中存在着思路混乱等问题，如何走出当前困境和思维模式是关键。文章从系统化思维、体制化思维、激励化思维和平台化思维四个方面给予了课程建设思维模式的探讨，并基于这些思维模式给出了一个基本的课程建设框架。

　　从广义方面来讲，课程建设是指形成和决定课程质量的各种条件和内涵建设，如教学理论建设、师资队伍建设、环境建设、教学资源建设等。从狭义方面来讲，课程建设是指以某一学科或某一专业的培养目标为核心的课程体系建设以及该体系中的具体课程的建设。课程建设是一所学校教学的本质需求，从功效的角度看，是稳定和提高教学质量的手段，是一个学校可持续发展的依据。可以说目前所有高校中都有与学科专业建设以及课程建设相应的管理机构和体制，各高校都清楚课程建设的重大意义，大多都在课程建设方面给予了相当大的投入。但从达成课程建设追求的最终目标的视角看，成效却并不能很令人满意。主要问题表现在课程建设工作涉及面广，课程建设过程的各环节之间缺乏成熟的全局过程控制机制，课程建设过程的联动性差、使得课程建设的总体效能得不到充分的展现；其二是课程建设本身往往受到现实各种条件的制约，容易形成课程建设的瓶颈，从而造成课程建设难有大的起色。解决这些问题只能从实际出发，从全局战略的高度给出思想指导，系统分析课程建设中存在的问题，既要从全局的视角进行规划，同时也要解决课程中的主要问题，进而充分挖掘现有和潜在的资源，并合理运用这些资源，开发课程建设的长效机制，使课程建设始终处于螺旋上升的良性发展之中。本节从思维模式入手，提出系统化思维、体制化思维、激励化思维和平台化思维，从认识论角度探析课程建设的逻辑，并在此基础上，给出课程建设一个基本框架方案。

## 一、目前高校课程建设中尚存在的问题

### （一）课程建设缺乏成熟、统一的模型化方法

课程建设的模型是人们依据研究的特定目的，在一定的假设条件下，再现原型客体的结构、功能、属性、关系、过程等本质特征的物质形式或思维形式。课程建设模型就是旨在促进教学质量为目的的，描述课程建设系统诸要素及其结构关系和过程的一种思维形式。有了这一模型，就能够充分认识课程建设的逻辑，才能真正指导高校课程建设沿着正确的道路前进。遗憾的是，这样的模型研究在高校课程建设中并没有给予应有的重视，尚未探索出具有普遍适用性的高校课程建设指导模型，因此，高校课程建设缺乏应有的整体控制能力，使得课程建设时断时续且在不同学科之间发展极不平衡，采取的措施也具有很大的随意性。虽然各高校在课程建设方面给予了很大的投入，但从高校课程建设的体系化、常规化成熟度角度看，并没有取得令人满意的成果。

### （二）课程建设中主体角色划分不明确

我国高校的课程建设职能机构主要设于教务处与院系。教务处主要负责对课程建设实施规划与管理，负责课程建设总体目标制定与投入预算，组织实施课程建设项目评审、过程跟踪与评价；而院系则主要负责实施具体的课程建设工作，是课程建设的主体，院系针对办学目标定位，将课程建设的任务下达到系及教研室。但部分高校在院系、教研室、课程组、教师中的课程建设分别承担什么样的职能并不十分明确。有些高校系内教研室的设立甚至都不是十分科学，有的学校教研室内甚至根本就不设立课程组，更谈不上分工明确的完成课程建设任务。有些高校课程体系建设没有严格的民主机制和程序机制，课程体系的科学性得不到充分的保障。课程建设的成果更多的体现在教师能在教学上发挥出多大的作用，或个别课程建设项目所取得的成果。课程建设任务得不到科学的组织与分配，学科建设团队常常成为课程建设的承担者与实施者，造成课程建设职责混乱的局面，不能从根本上形成课程建设的制度体系，这便决定了课程建设的随意性以及体制不健全性，从而造成了课程建设常常脱离实际的教学需要，使得课程建设事倍功半。

### （三）课程建设的长效支撑环境明显不足

高校课程建设长效支撑环境应包括：有效的激励环境、科学的体制环境和良好的操作环境。首先，课程建设的激励环境不得力，目前的课程建设激励方式主要是项目资助。多数高校课程建设的实施常常是以项目申报并获审批后进行的，对于审批通过及完成的项目给予政策性资金资助与职称评定等待遇上的倾斜。这种项目形式的课程建设鼓励办法的政策性目标落在了点上，而没有落在面上，使得整体的课程建设缺乏应有的激励，造成课程建设发展的不平衡、甚至造成抓小放大，给课程建设带来负面影响。其二，课程建设主体职责不清，从而无法形成科学的组织与管理体制，造成课程建设工作难于落实。第三，课

程建设缺乏成熟的现代化信息管理与开发平台。没有这一平台就使得课程建设工作本身失去了高效的可操作环境，课程建设工作举步维艰，课程建设资源也很难积累起来，课程建设工作的运作、管理、维护、跟踪、评价没有一个一体化的高效平台。

## 二、课程建设存在问题产生的原因

### （一）课程建设观念不明确

实际上，课程建设是一个学校办学特色的基础，是教学质量的重要保证，往往都需要大力的投入，并且收效不一定能立竿见影，有时是收效甚微甚至是失败，因此有些学校对课程建设并不是十分积极主动，只是把课程建设当作学校办学的一个门面，在面临学校办学质量评估时，做做表面文章。这主要反映了一些高校只注重眼前，而没有从长期、系统、艰巨、战略性的角度去认识和落实课程建设工作。

### （二）课程建设规划不科学

在实践中课程建设常以个别化的项目形式进行，没有一个全局化的科学思维模式作为指导，部分高校没有充分认识到课程建设在教学改革中的核心地位，对学校课程建设的目标缺乏准确的定位，对课程建设的内涵缺乏正确的认识，对学校课程建设的规划缺乏深入的思考、整体的研究与具体的部署。

### （三）课程建设投入不均衡

在一些条件较好的高校中在课程建设方面往往有较好的投入，而对于一些条件一般的学校则相对不足，或投入没有持续性。此外，学校在市场化以后，学校的生存面临着多方面的竞争，学校需要在多方面投入，这使得有些高校只注重规模，而在投入产出不是十分显著的课程建设上投入不足，这也制约了课程建设应有的发展。

## 三、课程建设的新思维

课程建设之所以没有太大的进展，其核心问题是缺乏科学的课程建设思想，没有从课程建设的内在驱动进行深入思考，片面的从概念模型思考问题，没有理顺课程建设的真实路径与应有的相关制度体系，造成课程建设困难重重，进展缓慢，甚至停滞不前。因此，课程建设要有稳步的进展，必须在思想理论方面必须重塑，为此提出以下方面新思维：

### （一）建立课程建设的动力模型思维

课程建设的关键在于找到其发生、发展的真实机理。以往的课程建设研究只落于概念层面，而缺乏从系统化的全方位高度去探讨和研究其起因及其演进逻辑。这里所说的系统化，是指课程建设是一个系统化过程，有其自身的发展规律，这种规律体现在其复杂性、动力性、非线性等几个特征。这里的关键是其动力来自哪里，其运行如何驱动、其系统要素包括哪些，如何构造。

　　课程建设系统的发动机是教学需求与教学供给之间的矛盾。课程建设信息平台是其运行的驱动传动装置。教师、学生与各类管理人员是这一平台上的终端，这些终端由来自教学系统内部的驱动和外在的激励而工作。在这一系统运行过程中，信息化平台集成智能教学过程管理模型，将教学需求与供给之间的矛盾根据教学的基本原理，将其转化成课程建设上可操作的具体任务与要求，这形成了课程建设的内在驱动，从而指导教学基层的实际工作。在这一过程中，教学需求与供给这一矛盾是课程建设的动力，这种动力通过智能化的教学平台转化为课程建设全局方案，被确认的课程建设方案依据教学理论将其演化为课程建设上的具体任务与要求，这一课程建设的实施具有全局性、系统性和可操作性。整个教学机体的各终端执行单元在内部驱动与外部激励机制的作用下整体联动，最终达到矛盾化解的目标。该动力模型反映了课程建设的自底向上驱动方式，而不是以往的课程建设主观化色彩深厚的自顶向下驱动方式。课程建设本身自然成为教学过程中的一部分，实现了课程建设的自觉性与联动性，能更好地为教学过程服务。

### （二）确立课程建设的体制化思维

　　体制是一个系统存在的方式，是系统运作的前提。因此，课程建设体制若不健全，就难以实现课程建设工作的顺利进行。课程建设的体制应是明确而相对稳定的，它围绕课程构建，而不是围绕组织架构构建。

　　课程建设源于学校的办学定位与院系的办学特色。由学校的教学单位负责组织实施，通常由院或系承担。系是专业建设与教学的基本单位，专业课程体系由系负责制定并组织实施，具体的课程建设则由课程组负责，课程组研究具体课程的课程教学理论与开发相应教学资源，系与课程组成为课程建设的主体。学校课程管理机构则根据学校的现有资源合理规划学校整体课程建设蓝图，并对课程建设实施必须的管理与指导。只有这一课程建设体制确立并长期稳定发挥有效作用，才能保证课程建设可持续，稳步有效地进行下去。

### （三）改革课程建设的激励化思维

　　目前，课程建设的激励化措施主要是把课程建设转化为课程建设项目，对能获批的课程建设项目给予资金的资助，以及团队成员在评聘高级职称时的政策倾斜。这种机制的问题在于，对于没有获批课程建设项目的课程就缺乏应有的激励，长期以来会使得课程建设极不平衡且缺乏持久性。因此，将面向点的激励转向面向面的激励，即将项目方式的激励转变为课程建设业绩考核方式的激励更具有操作性与持久性。针对课程建设业绩考核，应引入新的课程建设评估体系与标准，这样才能将激励落实到实处，并具有长效机制。

### （四）创设课程建设的平台化思维

　　课程建设是一个长期的教学理论与教学资源积累与建设的过程。在这一过程中，需要创建大量的教学理论与资源文档、对它们进行编辑、存储、查询、交流、展示等各种操作，没有一个课程建设支持平台,这些工作将举步维艰。并且,基于信息化课程建设平台可引入智能化的教学决策机制,从而能为课程建设提供更好、更快的合理化建议与服务。此外通过构建完善的教学资源开发平台,可以为教学资源的快速开发与积累创造更便利的条件,尤其教学设计平台的实施,必能为教学理论在教学中普遍而高效应用创造广阔的前景。这些平台的建设本身就是课程建设体系的一部分,因此各高校应创设课程建设的平台化思维,以便创造更好的课程建设可操作环境。

## 四、系统化课程建设框架

### (一)课程建设出发点——系统化、持久化

课程建设常常是处于各种约束条件之下的,其成效也是多因素共同作用的结果,课程建设不做通盘系统化的考虑是很难达成预期的目的。此外,课程建设也是在教学规律不断挖掘的过程中实现的,这就要求课程建设是一个持久推进的过程。

课程建设的系统化需实现课程建设模型化,只有模型化才能从全局的视角、挖掘其本质要素及其关系,从而实现课程建设控制的精细化和有效性。因此课程建设的模型化是课程建设的首要任务,要通过现代教育教学理论和信息化手段构建这一模型,进而指导课程建设的有效进行。课程建设的持久化需要课程建设的长效机制,这一机制应是面向所有学科专业课程的,而不仅仅是某个单项课程建设项目,这是实现全面课程建设的根本保证。这一机制需要将课程建设模型转化为现实可操作形式,如课程建设的业绩考核机制等。

### (二)课程建设实施—理论创新与工程化并举

课程建设在模型化、机制化的基础上实施课程建设任务。这些任务包括教学理论创新、教学内容更新、教学手段革新、教学人才培养、教学资源积累等方面。除教学理论创新外,其它方面均可利用工程化方法实施,以保证课程建设工作的可控与高效。教育教学理论的创新是在已有教学理论应用于教学实践过程中的反思与新方法探索的经验总结基础上形成的,这些创新理论能更好的适应现实教学的需要,同时也丰富了教育教学内涵。

所谓工程是指人们为了满足某种社会需要,综合利用科学理论(包括自然科学、人文科学、社会科学理论等)和各种技术手段,自觉地改造客观世界,建构一定的人工世界的活动及其实践成果。工程有如下几个方面的特征:(1)工程是有原理的。任何一个工程的实施都有其自然科学原理的根据,是一定的科学理论的体现;(2)工程有特定目标,注重过程、注重效益;(3)工程是通过建造实现的。任何工程都是采用特定工序、工艺、工期来完成的;(4)工程是要与环境协调一致的。工程的实施要与当前的环境相衔接或相融,不应产生副作用;(5)工程是在一定边界条件下集成和优化的。课程建设大部分任务的完成显然具备上述特征,如:课程内容更新是基于学科理论与技术的发展而发生的,并以符合教育教学理论的方式进行更新;课程内容更新的目的就是为提高教学质量满足教学目

标为目的；教学内容更新显然有其过程并注重效率的；课程内容更新显然也是通过建造完成的；教学内容更新显然不应对培养目标产生任何负面影响；教学内容更新都是在特定的约束条件下去寻求优化进行的。因此，部分课程建设任务工程化是完全可行的，课程建设工程化能带来风险管控、过程可控、标准作业、质量可控、规范管理等集约化的好处，为保证课程建设任务目标的实现提供科学的方法论。

教育技术在打造精品课方面发挥了强大的作用，为课程建设工程化开辟了道路。精品课工程是在先进教育、教学理论指导下，借助现代化信息化技术手段所打造的课程建设实践。它涉及合理确定课程组与负责人，加强高水平师资建设，切实做好课程建设规划，运用先进教育教学理念，深化教学内容改革，认真建设课程网站，构建网络教学和优质资源共享平台，充分挖掘课程特色及优势，形成课程建设综合保障体系。它是我国高等教育宏观课程、教学决策、管理、服务体系改革和数字化、网络化改造的重大举措，不仅推动着我国高校信息时代课程与教学新模式的创建，而且将推动高校教学管理体制与机制的创新发展，导致高校教学科研与教学行政管理、公共服务体系之数字化改造。它是按工程化的方法打造的教育优质产品，是经受得起质量标准检验可推广的教学实践。精品课工程已成为高校实现课程建设的主要形式。

## 第二节 高校微课程教学团队建设模式

本节首先通过微课程与微课的区别与联系阐述了建设微课程教学团队的必要性和团队合作的优势，其次具体分析研究了建设微课程团队的方案措施，最后从建设团队中可能出现的障碍入手，阐明了微课程教学团队建设的管理方法。

随着时代的发展，传统的教育理念、教学模式都在不断的变化。为了顺应教学模式改革的需求、顺应教学理念转变的需求、满足学生快餐式的学习要求，微课程建设刻不容缓。微课程资源建设包含课程总策划、教学方式的具体设计、内容裁剪、课程主讲、课后辅导、答疑等，每个环节都需要分工协作好，这些工作只有微课程教学团队才能够完成。因此建设微课程教学团队是教育发展的必然趋势，是保证学科持续、健康、稳定发展的根本大计，也是学校改革创新并取得成功的主要动力。

### 一、微课程与微课

微课程与微课既有联系，又有区别。微课是指以视频为主要载体的即简短、又完整的教学活动。微课程属于课程系列，它是运用构建主义的方法，把线上和线下学习为形式的实际教学内容，所以不是微型教学而开发的微内容。它包括课程设计、课程开发、课程实施、课程评价等四大范畴。微课程中包含着微课，两者紧密相关。微课程建设显然是团队项目，只有团队合作，才能较好地完成这项工作。

## 二、团队合作的优势

为团队成员提供互相学习的平台。建设基于网络教学环境下的教师团队，即构建基于共享、共建、共进的专业发展的教师学习共同体，有利于教师个人的职业发展。

可以提高教师队伍的竞争力。小溪只能泛起美丽的浪花，海纳百川才能激起惊涛骇浪。只有团结合作才能成就共同的目标，从而实现和满足每个成员各自的需求。

能够有效提高教学质量。通过团队成员的协作，教师们及时沟通、交流，使业务水平和教学技巧不断地提高。

## 三、建设微课程教学团队的具体方案

确立团队清晰明确的目标和愿景。共同的目标是团队存在的核心。由于团队成员的教育背景、社会阅历、需求等不同，存在着不同的价值观和不同的教学理念。建设团队首先必须要确定团队共同的目标，只有有一个共同的目标和愿景，团队成员才能凝聚在一起，知道"我们要完成什么"、"我应该做什么"。当然，目标要切合实际，否则，会打击团队成员的积极性。

营造"以人为本"的工作氛围。尊重团队中每个成员的见解和成绩，因人而异分配任务，并及时给予鼓励和肯定，使每个成员都能够充分发挥自己的特长，感受到团队的温暖、主人公的感觉。例如，根据每位教师的优势和知识点的特点具体分工，使得每个团队成员各尽所能、人尽其才、尽情展现自己的才华。

创造良好的沟通环境。一个知识点用什么方式表述，用哪种设备效果更好，用多长时间表述，都要进行讨论的。所以团队成员相互尊重、及时沟通信息是顺利完成团队目标的基础。有效的沟通能化解队员之间的意见分歧，可以增强团队凝聚力。如果不进行充分的沟通，难以达成队员之间的默契、共识，团队成员无法有效合作。只有频繁的沟通和交流，才能更顺利地实现目标。

树立全局观念。团队成员不能计较个人的利益和局部利益，要把团队目标做为最高追求，团结一心，共存共荣。把个人的目标融入到团队的总体目标之中，最终达到团队的最佳整体效益。没有团队的合作，仅凭一个人的力量无论如何也做不好微课程，只有通过集体的力量，充分发挥团队成员的才华，取长补短，才能把制作微课程的这项工作做得更出色。

注重团队成员的培训。要有效的提高团队成员的素质，从而提高团队整体的竞争力。随着信息技术引入大学数学课堂，教师本身需要对新技术进行消化和理解，在团队中应该营造积极的培训氛围，使团队成员乐于参加培训。鼓励教师勇于把先进的科学技术与传统的教学方法紧密融合，不断地更新教学理念和教学方法。

## 四、微课程教学团队建设中的障碍

出现"搭顺风车"的现象;缺乏成员之间的互补性,缺少解决关键技能的方法;没有建立有效的绩效评估体系与奖励机制;面临微课程的利用率低的问题。

## 五、微课程教学团队建设的管理

为了避免出现上述的障碍,在微课程教学团队建设过程中要进行以下管理措施。

团队负责人首先要不断提高整体素质。"得人心者得天下",要用精湛的业务服人,要用人格魅力取信人。

树立团队精神,消除不劳而获的想法,增进队员的自信心和责任心。

要建立公平、公正的绩效评估体系和激励机制。根据团队队员的贡献进行绩效评估。消除团队成员之间的消极情绪和沮丧心态,努力调动积极性、主动性和创造性。

在微课程建设中为了满足教师与学生的需求,反复修改、不断完善是必不可少的环节。另外,增强交互功能,使学生在互动的教学环境中消化知识,消除人机学习的孤独感。

微课程建设必须要突出特色。只有有鲜明特色的微课,才能够吸引授课者的"眼球",促使其睹完为快。有特色的微课才有生命力,才能满足学生快餐式的学习需求。

总之,微课程建设目前还处于初步探索阶段,建设微课程教学团队是一个漫长的过程,如何建设具有竞争力的微课程教学团队,发挥互联网的特长,突破学生学习时间和空间的局限性,有利于优化课程资源,鼓励学生自主学习和合作学习,同时把线上的教育和线下的教育有机结合,改善教学内容和教学手段,有效利用课堂时间,提高人才培养质量是所有教师要进一步探讨的课题。有关对团队成员绩效评价体系的部分将在另文中进行探讨。

## 第三节 高校课程建设的教育经费投入模式

教学是高校的中心工作,课程是高校教学建设的基础,课程建设是教学基本建设的重要内容之一,教学经费是高校日常运转的重要支撑条件。课程建设与教育经费的投入密切相关。文章以会计学专业课程建设为研究对象,找出教育经费投入对课程建设的作用机制,并对我国高校教育经费来源进行归纳,对不同地区高校的教育经费投入模式进行比较,最后提出会计专业理论课程和实践课程建设的教育经费投入的四种创新模式。

课程建设是高校人才培养过程中最基本、最关键的因素和环节,对教学质量产生直接影响。教学经费的投入力度可以直接反映出高校领导对学校教学的重视程度,一个学校的人、财、物力的投入程度高,体现的是学校开展教学活动的综合实力。各高校非常重视课程建设,逐步加大了课程建设经费投入,以加强人才培养质量工程建设。目前,会计学专业的学生人数在全国各高校中所占的比重都非常大,为保障人才培养质量,必须加大经费投入力度,特别是加强课程建设经费投入,以确保教育教学质量。

## 一、教育经费投入对课程建设的作用机制

教育经费的构成。教育经费指国家和各级政府及社会力量与个人直接用于教育的费用，是发展教育事业和提高质量的重要物质保证。高校教学经费的构成有两个条件：一是发生在教学过程中，直接参与教学；二是对教学质量起促进作用，即与教学质量之间有明显的相关性。教育经费包括教育事业费（如各级各类的学校的人员经费和公用经费）和教育基本建设投资（如建筑校舍和购置大型教学设备的费用）等。综合而言，教学经费的构成应由教学人员经费、学生实验实习经费、教学设备经费和实验室建设经费、课程建设经费、教学研究的经费、图书资料经费六个部分组成。

课程建设经费使用范围。课程建设投入是教学经费的重要组成部分。在会计专业中，课程建设经费主要用于以下方面：一是项目管理费，用于会计核算、精品课程的建设评审和验收费用；二是硬件建设费，购置课程建设所必须的电脑、仪器、教具、耗材等费用；三是软件建设费，教材建设（编写教材、讲义、实验指导书等）的有关费用，购置所需的图书资料、用友、金蝶会计核算软件、声像资料等费用，研制或购买 CAI 课件、课程考核与试题库建设等费用；四是聘请专家费、外出调研和参加学术会议的差旅费、与课程建设有关的论文版面费等费用，主讲教师培训费；五是奖励费，对评为市教委重点课程、市级及国家级精品课程的奖励费用；六是其他费用，与课程建设直接有关的其它支出。

教育经费投入促进课程建设水平。每所高校都十分重视自己的专业与课程建设，有的甚至形成了自己独特的品牌，以至于高校每年都要投入重金支持这些建设。与一般中小学相比，高等学校的教学质量在某种程度上是依靠课程建设的经费投入作保证的。2003 年 4 月，中华人民共和国教育部下发了《教育部关于启动高等学校教学质量与教学改革工程精品课程建设工作的通知》，全面推动高校对教学工作的投入，建立各门类、专业的校级、省市级、国家级三级精品课程体系。要求各高校切实加大和保障对精品课程建设经费的投入，在确保"学校学费收入中用于日常教学的经费一般不应低于 20%"的基础上，各高校还应从事业费拨款中安排一定比例用于精品课程建设。同时，教育部还将对入选的"国家精品课程"给予一定经费补助。目前提倡的国家级、省市级、校级精品课程的建设，都是高等学校经费重点投入的结果。

## 二、我国高等教育经费投入的主要来源

我国高等教育经费来源整体上可分为两大块：国家财政性教育经费和非财政性教育经费。为了进一步缓解中国教育经费仅由国家财政投入所带来的不足问题，中国逐步实现了由过去单纯的政府投资，向由国家、社会、外商、学校、集体与个人多元投资方向的转变，从而使得国家财政性教育经费支出占教育经费总支出中的比例逐年下降，而非财政性教育经费占教育经费总投入的比例有了明显提高。

财政拨款。政府投入是高校经费来源的主体。我国高等教育经费的主要来源应是国家

拨款。中国早在1993年就提出要在2000年实现国家财政性教育经费占GDP4%的目标，直到2012年才实现这个4%的目标。由于我国开展高等教育的历史较短，高校自身"造血"功能较差，加之由各级政府举办的高校所占比重较大，决定了国家财政拨款是高校的主要资金来源，也是最稳定的资金来源。2010年，在普通高校教育经费来源中，国家财政性教育经费2901.80亿元，占普通高校总教育经费的52.78%，其中预算内教育经费2718.80亿元，所占比例为49.45%。

事业收入。这部分资金主要包括学费、杂费和其他事业费收入。1989年，国家开始对高等教育实行收费制度。自从1994年实行并轨收费制起，学费收入已经成为学校收入的主要经费来源。这部分收入包括本科生、研究生、留学生、继续教育学生的学费和住宿费。随着高校扩招和收费标准的提高，这部分资金在部分高校已占学校总收入50%以上，是高校重要的资金来源之一。2010年，我国普通高校总经费中学杂费为1676.08亿元，占普通高校总教育经费的30.49%。

社会捐赠。社会对教育的捐赠主要包括企业、个人、机构的捐赠等。社会捐赠经费投入在我国普通高校教育经费来源中所占比重远远低于国外。从我国大部分高校的情况来看，该类收入占比不高，受制约的因素较多，并不能成为高校教育事业投入稳定增长的可靠来源。2010年，我国普通高校教育经费来源中社会捐赠经费数额是29.64亿元，占普通高校总教育经费的比例是0.54%。

贷款筹资。在很大程度上讲，高校贷款是一种良性贷款，如果政府能对学校发展建设产生的贷款利息给予部分贴息，这将对学校、银行、社会都有利。但是这部分资金来源形成高校的负债，是以高校自身的信用为担保形成的，运用的不适当，容易形成高校财务危机，因此不能成为高校教育事业投入稳定增长的可靠来源（现有高校教育经费投入模式主要包括：计划投入模式，即高职院校经费由财政部门按计划确定；绩效投入模式，即以完成指标的情况作为拨款依据；招标投入模式，即政府就职业教育培训项目或课题公开招标给予经费。社会捐赠在一些发达国家是筹集教育经费的重要渠道，美国一些名校接受的捐款与捐赠基金投资收入已占年度预算的20%至40%，日本私人捐赠占公立高校总收入15%、私立学校则超过50%）。

## 三、不同地区、不同类型高校教育经费投入模式归纳比较

### （一）不同地区高校教育经费投入模式比较

（1）国家财政性教育经费所占比例情况。2010年，在东部国家政治经济文化中心和西部国家政策大力支持教育事业发展的少数民族地区国家财政性教育经费投入较多，占60%以上；在中部和东部经济发展水平相对较高的经济文化中心地区，国家财政性教育经费投入较适中，在50%~60%之间；中东部人口众多、经济发展相对较快以及西部人口较多的地区，普通高校教育经费比例在50%以下；而国家财政性教育经费占普通高校教

育经费比例在40%以下的只有江西省。

（2）社会捐赠收入所占比例情况。2010年，社会捐赠经费所占比例较高的地区主要是经济发达地区，如江苏2.02%、福建1.19%、广东0.69%、；该项经费在总教育经费中所占比例较低的五省区为：山西0.02%、内蒙古0.05%、河南0.07%，它们主要集中在经济欠发达地区，大部分集中在西部地区，处于中东部的仅有河南省和海南省。

（3）其他投入所占比例情况。2010年，其他教育经费数额较高的地区主要集中在政治、经济、文化、社会较为发达的省市，如江苏（40.21亿元）、北京（35.00亿元）、湖北（25.42亿元）、浙江（22.92亿元）等省区；其他教育经费收入数额较低的地区主要是经济发展较慢、文化相对落后的地区，如西藏（0.01亿元）、青海（0.72亿元）等该年度普通高校经费来源中其他教育经费收入较少的地区，均在3亿元以下。

## （二）不同类型高校教育经费投入模式比较

理工科高校由于学科的优势有一部分经营收入，文科类高校基本没有经营收入，就是有经营收入也显得极其有限，医学院的经营收入相对较多，最高时候多达870万元，而部属重点大学由于是文科性质，其经营收入少得多，最高时才223万元。新建本科院校就更难过了，几乎没有自己的经营收入。另外，地方高校捐赠收入很少，而名牌大学、重点大学在其它渠道筹措的资金要多得多。中部重点大学每年都能获得数额较大的捐赠收入，最多有589万元。地方院校数额很小，不超过300万元，新建本科院校历年捐赠为0。少数民族类院校由于受政策导向的缘故，反而得到了更多的捐赠收入，平均每年可获得捐赠收入200万元左右。还有在西部高校，学生多来源于西部地区，受家庭经济水平的限制，相当一部分学生不能按时交纳学费，导致高校收入不足，直接影响了教学经费的投入。

# 四、会计专业理论、实践课程建设的教育经费投入模式创新

## （一）会计专业理论、实践课程的建设经费投入

在我国，各高校普遍开设了会计学专业，会计学课程建设已历经多年，并已取得初步成果。高校以学生的健康发展与就业为主导，以教学内容的建设为动力，以课程建设规范化、科学化为标准，大力倡导并实施先进合理的教学方法和手段，不断提高课程教学水平，促进会计学专业建设。会计学专业的主要理论课程包括：会计学原理、财务会计、财务管理、管理会计、成本会计、政府与非营利组织会计、微观经济学、宏观经济学、审计学、税务会计与税法等。

会计专业是社会应用性很强的专业，必须加强其实践能力的培养。既注重学生对会计学科基础理论知识的学习掌握，也注重实践动手能力的培养，如要求学生熟练应用金蝶、用友等软件。会计学专业主要实践课程包括：财务与成本会计综合实验、企业理财方案设计、审计案例操作设计与分析教学实习、会计财务课程论文、毕业实习等。主要专业实验：

会计学原理实验、财务与成本会计综合实验、企业理财方案设计、审计案例操作设计与分析、统计学原理、电子商务实验、计量经济学实验、计算机财务管理实验。

不管是理论课程还是实践课程的建设，要想取得良好的效果和保持较高的质量，都需花费一定的资金投入。以湖南农业大学会计专业课程建设经费标准为例，2013 年湖南农业大学规定课程建设经费标准为：院级精品课程建设费用每门 2000 元，校级每门 10000 元，省级每门 45000 元，这是各院校普遍的资金投入标准，但一门课投入三四万元是远远不够的。暂且不说聘请专家、教材建设、外出调研等所需支付的费用，购置所需的用友、金蝶会计核算软件等费用，研制或购买 CAI 课件、试题库建设等费用。要加大对会计专业实践课程建设经费的投入。

### （二）会计专业理论、实践课程的建设经费投入模式创新

建立课程建设专项资金，本着择优扶持、重点建设、分期分批的原则，着重支持会计精品课程建设。充分利用学校根据课程建设计划给予课程建设的分阶段投入，并根据课程评估结果，合理安排建设经费。组织教师参加教学研究立项，促进广大教师积极进行课程教学改革和研究。根据课程建设需求，按比例配备课程建设经费，提高教师参与课程建设的主动性。

（1）内部开展培训班创收。应鼓励高校在完成国家指令性教育、科研任务的前提下，可以充分利用学校学院现有的条件和优势，大力开办各类自主收费的成人教育和职业培训。如：开办会计从业资格证的培训班、会计专业双学位的培训班、ACCA 培训班等，增加学校用于会计专业课程建设的经费收入。

（3）学杂费收入所占比例情况。2010 年，我国各地区普通高校学杂费收入占总经费比重较高的省份主要集中在我国经济并不是十分发达的中部地区，如河北 44.60%、广西 42.65% 等省，数值均在 40% 以上；该年度学杂费收入所占比重较低的地区主要集中在东部经济发达的政治文化经济中心和西部地区，如北京 14.66%、上海 21.86%、西藏 12.90%、新疆 18.88% 等本年度学杂费收入所占比重最低的省区。

（3）发行教育彩票。美国最有影响和成效的"希望奖学金"项目，就是通过发行彩票筹集资金的。考虑到当前国家教育投入财力不足而财政压力又很大的背景，再加上彩票市场在中国所具备的巨大潜力。我国高校可以借鉴美国等发达国家通过教育彩票筹集教育经费的经验，发行专门的教育彩票来筹集建立会计专业课程建设基金。

（4）课程建设相关人员投入。由于会计专业课程建设需要的资金较大，尤其是一门新的、精品的课程。学校在加大投入的同时，也可要求下属二级学院有科研项目的带头人按一定比例投入一定经费。如：学校投入 60%，二级院校投入 30%，会计系投入 8%，会计学科带头人投入 2%。

# 第四节　基于 SPOC 教学模式的高校课程建设

SPOC 教学模式因具有小规模、特定人群和在线开放等特点，越来越凸显其优势，被认为是在线教育的"后慕课时代"，逐渐在大学校园落地生根。本节将 SPOC 模式对 MOOC 模式中存在的问题进行了补充和延伸分析，通过对 SPOC 教学模式的设计进行实践探索，为高校深入、广泛的建设 SPOC 课程体系提供一定借鉴作用，从而促进高校课程改革步伐和提升教学质量。

## 一、SPOC 的特点分析

继全球掀起慕课潮流之后，哈佛大学等顶尖学府又在尝试一种小规模、限制性、在线课程，英文全称 Small Private Online Course 简称 SPOC。作为"后慕课时代"的新起之秀，SPOC 对 MOOC 的的短板进行弥同时也延伸出新优势特征，逐渐在大学校园落地生根。

课程完成率更高。通过限定课程的准入条件和学生规模，SPOC 教学模式能够为这些经过特别挑选的学生提供私人定制的课程，提供具有区别性、专业化的支持，从而约束学生认真准备，激发其参与度，强化学生的学习责任。同时与 MOOC 的非学历教育结业成果不同，SPOC 教学模式的学习成果鉴定直接与学校挂钩，从而避免 MOOC 中高辍课率的情况，让证书的含金量更高，提高学生对课程的独立性和完整性体验。

教学互动性更强。由于小规模教学中学生人数较少，更好的让老师完全介入学生的学习过程，包括由教师自己或助教完成作业的批改、与学生之间的充分交流答疑和讨论，甚至面对面的头脑风暴。在 SPOC 教学平台中除视频学习、在线测试、课程讨论、资源共享之外，还开展多维的知识拓展以及在线答疑，以及线下交流，学习过程中产生的问题在线下学习社区中作为下一节课的课题引导学生参加在线交流和在线探究活动获得解决方案，体现了翻转课堂的特点，互动效率更高。

教师主动性更大。SPOC 教学模式与教师的关系更为密切，使他们成为真正的课堂掌控者和个性化教学辅导者。教师可以通过创新课堂教学模式让在线学习超出复制教室课程的阶段，产生了更为有效的学习效果，激发教师的教学灵活性，为教师提供一种贴身的、定制式的教学模式而广泛受到青睐。

学科适应性更广。MOOC 的受众过于宽泛，学生来源不定，在课程建设和学课程习的过程中不能对所有学科类、所有课程做到面面俱到。例如 MOOC 不适合展示操作实验性强的学科、强调人与人互动的科目、"非碎片化"的课程。SPOC 教学模式在线与传统课堂的混合性的特点使其课程类型适应性更广。

## 二、SPOC 课堂教学模型设计

SPOC 教学模式作为建立在 MOOC 基础之上针对大学围墙内的教育，是要配合学习者的多元学习认知特征，建立符合开放式大学的教学设计模式、教学资源建设、线上线下教学活动、互动交流平台、结业成果评价体系以及同步教学测评等，将 MOOC 资源运用到小规模群体中，使优质教学资源得以共享。本节利用笔者校级精品课程《平面设计与图像处理》的建设成果进行 SPOC 教学模型的设计与实践，该课程已建设了较完备的课程网站，拥有较丰富的网络课程资源，课程内容具有专业交叉性和开放性，合适进行 SPOC 教学模式的设计实践。

### （一）参课权的管理

针对慕课目前出现的高辍学率现象，SPOC 教学模式对于学习者设置限制性准入条件。可根据学生针对课程的前期了解和准备、学校综合表现排名等因素进行筛选，达到要求的申请者才能进入课程学习。参课权的限制性条件将对课程确实有兴趣且有潜力的学习者发掘出来，从而通过课程学习确定人才培养目标和方向，同时，也在一定程度上对学习者的学习纪律进行约束。先决知识的储备使学习者能够根据要求提前进行知识的预习准备。例如《平面设计与图像处理》课程的先决知识储备内容包括：艺术造型及色彩基础、PHOTOSHOP 或 MATLAB 软件基础，参课权的认定形式包括：提供相关先修课程成绩或者在线自学结业成果以及相关作品、论文等。先修课程成绩可在系统内设定量化判定标准，而创作类作品则由教师负责审核是否符合条件。具体流程为：设置学习者首次进入 SPOC 在线课程注册，可用学号作为用户名进行注册，注册成功后跳转到个人界面，进行实名认证，注册完毕才能登录，通过电脑登录 SPOC 在线课程网页后，进行每门课程的学习之前会有事先设定好的准入条件、课程信息和学生人数，只有完成课程准入条件方可进入学习。

### （二）教学资源的建设

SPOC 教学资源主要采用视频讲座的形式将课程内容围绕某一主题设计制作成 15 分钟以内的系列视频，SPOC 视频课程的精练性使其设计有别于传统课程教案，但传统教学的主要环节：导入、讲解、实践及反馈不可缺少。《平面设计与图像处理》课程构建视频教学单元活动的路径主要有两种：第一种为知识讲座模式。适用于需重点讲解知识体系的模块，确保知识理论的时效性，主要以教师讲授配合 PPT 课件以及动画为主。第二种为技能训练模式。适用于实践性强，需大量训练的模块，该模块的形式多样，包括：工程录像、录屏操作、过程展示等，为学习者在理论知识后提供大量课程相关的输入及输出的场景训练。

此外在线课程还需提供丰富的学习资源可供下载和分享，包括工程录像、课件、参考教材、补充材料、作业、测试、在线实验、作品展示、模拟仿真、虚拟课堂等资源，不仅能够更充分地表现教学内容，同时可供其他师生学习和借鉴拓展资源共享。

### （三）教学环节的实施

从 SPOC 课程线上学习实施途径上看，既包括在线同步的师生互动，也包括在线不同步的自主学习。在线学习与管理。《平面设计与图像处理》课程的在线学习为教、学、做、赏一体递进式技能训练链，第一步：教师演示操作步骤-学生模仿。第二步：教师提示重点步骤。第三步：师生思考交流制作步骤。第四步：教师命题，学生独立完成。第五步：学生自主创作。在各个环节中均可以通过 SPOC 在线学习交流平台进行教学互动。线下学习与管理。《平面设计与图像处理》课程线下学习的学生层面主要包括网络资源自主学习、作业的完成与提交。学习者利用网络资源依据自身学习进度进行自主学习，以便参与在线小组讨论及实体课堂讨论。教师层面是在完成学生作业批改的过程中，及时了解学生的思想和疑惑，线下交流学习过程中产生的问题在线下学习社区中作为下一节课的课题引导学生参加在线交流讨论和解答。

### （四）考核标准的认定

SPOC 课程中参加课程的学生需达到规定的预备知识储备与规范学习强度，有学期的概念，积极参与线上、线下学习活动，完成规定的任务和测试，成绩合格者获取该课程学习证书，等同于相应学分认证，甚至与校外签约院校进行学分互认。考核标准包括：SPOC 平台的作业、单元测试以及在讨论组中的表现，也包括在面对面教学中的课堂作业以及课堂表现。而未被选取者则可以自由参与课程学习，自主掌控学习进度与线上讨论等，但不被授予课程证书及学分。将课程学习与学分挂钩，能有效提高在校生的课程结业率。需要注意的是进行学分认证的同时要建立相配套的信用保证、学历认同、课程标准、评估机制等管理体系。

SPOC 模式的创新之处在于在线和传统教学混合模式，创造出更为灵活、有效的学习方式，能调动学生的学习主动性和自觉性，虽然从理论上说 SPOC 可有效解决目前开放式 MOOC 教学方法中的部分问题，但该模式的开展还需要做大量的准备工作来加快改革步伐。SPOC 在高校教学中的广泛应用，希望能有更多教师作为实践者的切实参与，该模式的理论研究还需要在实践中不断进行检验和优化，逐步增加新方法、新思路。

## 第五节　高校口语表达类课程建设和教学模式

口语表达类课程是人文素质课程的重要组成部分。口语表达能力的高低直接影响着高校毕业生的综合素质和未来的职业选择。文章分析了口语表达对人全面发展的重要性，分析了高校需要开展口语表达类课程的意义以及课程建设过程当中会面临的问题，并结合高校教学实际提出了可操作性的三个教学模式的探究。

当今时代，高等教育的质量和水平飞速发展，不同层次不同门类的院校都在纷纷寻求转型升级追求质量发展。学科门类越来越全，教学设备越先进，师资力量越来越强大等等这些都是高等教育喜人的成就。随着社会的发展，复合型人才越来越成为社会的主流需求，如何让我们的毕业生在大学学习到扎实的基本功的同时，也具有综合性的能力，能够在激烈的社会竞争中立于不败之地呢？笔者认为，口语表达能力是最为基本的能力，不管什么专业的学生什么层次的院校都应该重视口语表达能力。

## 一、口语表达类课程的意义和重要性

一个人的举止谈吐是给人的第一张名片。如何准确地表达自己的观点态度、如何热情谦逊地与人沟通、如何自信地推销自己等等这些都需要我们需要好的表达能力。职场面试、产品推介、方案阐述等等这些是毕业生从学校走向社会时都会经历的。

我们每个人的每天的生活都是在和不同的人不同的场景中交流度过的。反观我们的教育体系，"应试"教育当中，忽视了对每个人都具有重要意义的表达能力，学生很少有机会张嘴表达自己的态度观点，学生的这种口语表达能力被长久地忽视，所以进入大学后，面对着大量需要语言交流的场合时很多学生会感到不知所措，在学生社团的竞选、课堂上的分享、文娱活动需要规范化口语表达时，他们往往呈现出紧张、说话没有逻辑、不能清晰地表达自己的观点，如此反复，对他们的自信心也是极大的打击，会越来越害怕这种场合，会产生逃避等更为消极的心理。

那么，在我们高校对于学生的综合性能力的培养方面，我们必须要重视对于学生口语表达能力的培养和锻炼，也就是必须强化口语表达类课程的建设。

## 二、口语表达类课程建设需要注意的问题

### （一）系列课程建设，不走形式

语言在人与人的交际中产生，又在不同的交际场合衍生出多种形式的交流形式，因此，口语表达具有形式多样内容复杂的特性。所以我们要想在大学教育中真正提升学生的表达能力，必须要持之以恒把握规律切勿急于求成，口语表达能力不是一朝一夕就能一蹴而就的，是一个长期系统训练积累的过程，包括基本的普通话、语言表达的逻辑思路、语言表达的心理素质、不同场合的语言表达等等这些都需要我们循序渐进有计划分步骤的在我们的系列课程当中进行。在进行课程建设时可以将口语表达类课程分成不同的小的板块、例如普通话语音基础、诵读、演讲、辩论、新闻评述等作为公共选修课贯穿在整个大学的学习当中。

### （二）互动教学，不走过场

口语表达类课程不同于其他类型的课程，必须要把大量的时间留给学生进行训练，光靠老师讲解和理论化的课件书本是没有作用的。因此，在我们进行设置时，必须要注意班

级人数的合理化控制，教育班人数多了，学生没有练习的机会，人数过少，又不能锻炼学生当众说话公众场合表达的心态和能力。因此，我们必须把人数控制在合理区间，条件允许的话可能实行"大课+小课"的形式的进行教学。

在我们大学以前的教育方式中，学生已经习惯了"灌输式"的教学方法，习惯了"老师上面讲我坐着听"的教学形式，所以我们想要让我们的口语表达课真正让学生受益，必须要调动起学生的参与感，能够愿意加入课程的互动中，才能达到我们的训练目的。

### （三）走出教室，立足实际

走出教室，让我们的口语表达课变得既有活力又实用。利用校园中各种实践机会，例如各种晚会的主持、演讲比赛等，让学生们能够独立去思考去实践，能够在不断的实践当中去提高。在我们的课程考核当中，也可以将考核的形式变得丰富多样，例如参加演讲比赛获奖可以直接对应相应课程成绩。将我们的课堂打造成开放性的课程，告别学生最为痛恨的点名考勤，将一些具体的任务下发给学生在规定时间内完成，最后进行成果的一个展示分享。告别了沉闷无聊的教室，走入实际的表达环境，会使我们的课程形式多样，内容生动，学生们会更加喜爱。

## 三、口语表达类课程教学模式探究

### （一）经典诵读，让课程书香四溢

孔子说："言之无文，行而不远"在我们建设文化强国的今天，我们更应通过我们的大学教育，让这种文化自信深深志根于当代每个大学生的心中。让国学经典与我们表达课程结合，在诵读中感悟经典，在经典中感悟人生。可以开展例如中央电视台《朗读者》节目形式的诵读分享会，让同学们推荐自己所喜爱的篇目，并且通过诵读将其分享给其他同学。中国传媒大学的鲁景超教授说："朗读的过程，是向作品的思想深处层层开掘、不断追问、积极思考、理性之光升华的过程；朗读的过程，是与另一颗心灵对话，不断感受、想象、感悟，感情之火燃烧的过程。通过声情并茂的表达，把握作者的思想脉络，体味文字背后的丰富精妙，获得思辨的力量、审美的愉悦。通过对书本语体的研究，为口语注入规范、高雅的文学元素，提升语言表达的内涵和品质。"诚然，通过大量阅读和深情诵读不仅能够提高自己的文学修养，也能积累大量的文学素材，在口语表达当中又能让我们的表达言之有物立意深刻充满文学气息。

### （二）情景模拟，让课堂立足实际

我们可以在口语表达类课程当中模拟各种不同的口语环境，让学生们真正仪式到语言表达的重要性，在这些不同的情景模拟中，学生不仅能够口语表达能力能够锻炼，也能对今后可能会面对的场景又所熟知。很多大学生在大学期间必考证书就包括教师资格证和普通话证书，所以我们可以模拟教师资格证考试面试环节，普通话测试中即兴说话等等。很多同学在毕业后就面临着就业工作，那么我们也可以邀请我们校招企业的面试官走进我们的课堂，与同学们零距离接触，来一次面试模拟演练。相信通过这些形式丰富的情景模拟，我们的口语表达课堂不仅精彩，而且使用，一定能够使学生受益匪浅。

### （三）比赛竞争，让课堂充满挑战

我们可以在我们的加入一些比赛元素，比如开展诵读比赛、演讲比赛、辩论比赛等。通过分组的形式将学生划分为不同小组，以小组形式参加课堂比赛。通过比赛的形式激励学生课后准备，保证课后的学习。在不断的实战演练当中，也能激发学生的合作意识思维逻辑快速运转能力。并且在实战比赛中，也能发现自身存在的问题和不足，能够更有针对性的进项后期训练和提高。也可利用学校和校外的资源，由任课老师带队参加各种形式的演讲比赛、辩论比赛等。在一次又一次的训练中，提升的不仅仅是语言表达能力还有当众发言的自信的心态。

综上所述，高校口语表达类课程作为人文素质类课程的重要组成部分，既包含着表达的艺术性有应该具有语言的文学性。如何通过该课程让学生的表达能力得到真正的锻炼和提升，是我们应该思考的问题。只有在不断探索中不断实践中我们的课程建设才能越来越充实，才能越来越让学生受益和喜欢。

## 第六节  慕课背景下高校专业课程建设与教学模式

慕课教学资源的丰富、教学时空的延展、教学中心的转换和教学主体的解构等优势，为我国高校专业课程的建设与教学模式的改革和发展带来了机遇。通过发挥慕课的优势，按照慕课建设的标准，建设了计量器具检定与调修慕课精品课程，并在慕课背景下对计量器具检定与调修课程的教学模式进行了研究。确定了在慕课背景下"一个中心，三项结合"，灵活而又系统地传授专业课程知识的教学模式，并对这种教学模式的效果进行了统计分析，确定了这种教学模式适应了专业课程教学需要，对高校专业课程的建设与教学模式的改革具有很好的参考价值。

"慕课"是英文"MOOCs"（Massive Open Online Courses，大规模开放在线课程）的中文音译。慕课在无线宽带、移动通讯和识别定位等现代信息技术的支撑下，能够突破传统课堂教学在时间、地域等的限制，使学习者可以在自己认为合适的时间和地点进行自主地学习，摆脱了传统教室的时空限制。2008年发起于加拿大，2012年定型于美国三大慕课平台的慕课持续发力，欧美亚国家纷纷跟进。慕课2012年进入我国并于2013年迅速发展，国内高校在线教育平台包括上海交大的"好大学在线"、清华大学的"学堂在线"、中国C9高校及部分"985工程"高校共建的"中国高水平大学在线开放课程共享平台"、

24 所 "985" 高校参与建设的"东西部高校联盟共享课程"、教育部"高等学校本科教学质量与教学改革工程"支持建设的高等教育资源共享平台"爱课程网"等。国内慕课教育发展迅速给高校专业课程的建设带来了契机，通过发挥慕课教学的优势提高专业课程的教学效果，满足人才培养的要求。

## 一、慕课建设的基础

机械产品检验检测技术专业（简称机检专业）是安徽省综合试点改革专业，而计量器具检定与调修课程是机检专业的核心专业课程，其教学目标是通过教学使学生获得必要的计量量具、计量量仪使用、保养、检定与调修的基本理论知识，培养学生常用计量器具使用与保养、检定与调修的能力，培养学生履行量具量仪检定调修工种职业岗位所需的知识与技能，使学生具有良好的职业素养和职业道德，对专业人才培养起到主要支撑作用，计量器具检定与调修课程一直是机检专业的重点建设课程。该课程自被确定为学院的院级精品课程以来，按照精品课程建设标准进行建设，其课程内容、教学方法、教学资源、实训条件、课程的考核等建设日臻完善，特别是图片、动画、视频等教学资源日益丰富，为计量器具检定与调修慕课课程的建设奠定了良好的基础。

## 二、慕课课程的建设

计量器具检定与调修课程于 2015 年正式立项为安徽省质量工程大规模在线开放课程建设项目，按照安徽省 MOOC 示范项目课程建设规范及标准进行建设。计量器具检定与调修的 MOOC 课程一般包含 18 小时左右的内容，由多个模块构成。欢迎模块：介绍课程内容，学习目标，授课教师个人履历，测验及作业，课程考核等内容。可以采用一或多段视频或者文字说明的形式，组成独立的一个模块。学习模块：课程的主干内容，由多个模块组成；每个模块包含 1 至 2 小时左右的课程内容，划分成多节课，每节课由多个 5 至 15 分钟的视频组成；每个视频围绕一个知识点讲授，相对独立完整；视频中穿插 1 至 2 道随堂测试；课后测验可以添加在视频单元内，也可以单独组成测验单元；作业可以在每个模块中布置，也可以在多个模块学习后布置。慕课课程内容的设计与传统精品课程建设有区别，慕课课程内容要对传统课程内容进行主线引导将课程内容碎片化处理，以确保视频的时长控制在 5 至 15 分钟范围内。

慕课课程的内容设计包括视频单元和非视频单元两个部分，非视频单元的设计是在线学习的重要组成部分，其包括教学资料、测验、课堂讨论、作业、考试等多种形式，和视频单元一起组成完整的学习序列。慕课课程内容设计完成后就可以进行慕课视频单元的制作。视频单元是在线课程的重要组成部分，其包括视频文件和字幕文件。其质量直接决定学生在线学习的体验。因此，MOOC 课程视频的拍摄必须符合安徽省网络课程中心制定的慕课课程拍摄规范。当整个完整的慕课课程制作完成后，上线到安徽省网络课程中心的"e 会学"慕课平台进行运行与应用。

## 三、慕课课程的教学应用

计量器具检定与调修慕课课程的制作完成并上线运行后,如何发挥慕课课程的优势,更好地服务于专业课程的教学是面临的重要问题。在文献中,作者认为慕课在高校课程教学中有其局限性,如在教学理念上无法做到因材施教,在教学过程中缺乏有效深入的互动交流,在教学效果上缺乏实践的检验标准,在教学组织上缺少必要的他律性,针对慕课的局限性作者又提出借鉴翻转课堂的教学模式以及其它的有效手段去发挥慕课的优势。在文献中作者将英语慕课与教师的讲解相结合,既兼顾基础知识的讲解,又兼顾专业知识的传授,真正做到英语语言教学与专业内容教学有机结合。在文献中作者对翻转课堂与慕课融合促进教学资源均衡的问题进行了研究。在文献中作者提出发挥慕课课程教学视频应短小精悍,教师用穿插其间的讲解统摄各个知识点的链接,灵活而又系统地传授课程知识。在诸多的教学模式下,针对计量器具检定与调修课程专业性、实践性强的特点,为了提高教学效果,主动将慕课融入到专业课程的教学当中。提出在慕课背景下的"一个中心,三项结合"专业课程教学方法。"一个中心"指的是从以往的以教师为中心的"灌输式"的课堂教学逐步过渡到以学生为中心的教学思想。"三项结合"指的是采用慕课教学与传统课程教学相结合,合理分配慕课教学学时与传统课堂教学学时,通过慕课课程的导学、督学等服务,帮助大学生依据自己的学习习惯和个性制定学习计划与任务;采用学生通过慕课课程教学视频学习与教师用穿插其间的讲解统摄各个知识点的链接,灵活而又系统地传授课程知识相结合;专业课程的考核是学生学习的重要环节,传统的考核评价都是教师决定。在慕课背景下,专业课程的考核采用了慕课课程考核+课程教学+作业+考试+课程的相关学术讲座相结合的立体课程评价体系,其中慕课课程的考核集中在慕课课程作业及学习进程方面,评价的重点体现在自主学习过程的表现以及效果,通过自评、互评、教师评价等方式进行。通过"一个中心,三项结合"专业课程教学方法,有利于克服慕课在高校课程教学中的局限性,有利于发挥慕课课程在专业课程教学中的优势,做到扬长避短。

## 四、慕课课程的教学效果分析

在慕课背景下,为了检验提出的"一个中心,三项结合"专业课程教学方法所取得的教学效果,以机检专业 2014 级两个班各选择 30 位学生作为样本,进行统计分析。为使样本数据客观公正,更加具有科学性,这 30 位学生在学习能力、学习态度等方面的因素都非常接近。其中机检 1 班的学生采用传统专业课程教学方法,称为普通教学班,机检 2 班的学生采用慕课课程,以"一个中心,三项结合"专业课慕课教学方法进行教学,称为试验班。经过一个学期的教学后,对两个班进行问卷调查,通过调查问卷分析学生对计量器具检定与调修课程喜爱的程度,打分的指标为课程教学内容的安排的合理性、教学方法的新颖性、教学资源的丰富性以及课程教学效果等方面。试验班平均分 89.55,普通班平均分 83.67,试验班比普通班平均分高将近 6 分。另外在进行调查问卷时,普通班的大部分同学认为他们在课程中的收获是已掌握计量器具的使用、保养、检定与调修并且能够通过传统考试而修得学分,但课堂交流少,掌握的内容不够深入,尽管认为该课程对自己今后工作有帮助,但还得再慢慢摸索;试验班的大部分同学对"一个中心,三项结合"专业课程教学模式认可度极高,表示整个课程的学习让他们系统地掌握了计量器具的使用、保养、检定与调修的方法和技巧,相对灵活的学习时间以及在线上和课堂上与同学的协作、与老师的互动交流使整个课程的学习高效而愉悦,计量器具的使用、保养、检定与调修的能力得到极大提升。

通过对调查问卷的结果以及期末考核成绩进行统计分析表明:通过慕课课程的建设以及将慕课主动融入专业课程的教学中,充分发挥了慕课教学资源的丰富、教学时空的延展、教学中心的转换和教学主体的解构等优势,为高校专业课程的建设与教学带来了新的契机。同时,针对慕课教学存在的局限性,在借鉴已有的研究成果基础上,提出"一个中心,三项结合"慕课课程教学模式,克服了上述局限性,提高了机检专业学生学习计量器具检定与调修专业课程的积极性。同时,也提高了专业课程的学习效果,其做法可为高校其它专业课程的建设提供一些有益的参考。

## 第七节　项目管理视角下的地方高校开放课程建设模式

精品资源共享课程等开放课程项目在我国启动多年,各地方高校在教育主管部门财政拨款的同时,自身也投入了大量资金制作视频资源,但从近两年来的应用现状看,我国地方高校各类开放课程项目建设有效性存在诸多问题。为此,从强化项目管理的角度提出了解决方案,以供参考。

2001年麻省理工学院开始将课程资源以数字化形式向全世界开放,精品资源共享课程等开放课程项目在我国启动也已多年,各地方高校在教育主管部门财政拨款的同时,自身也投入了大量资金制作课堂实录等各类课程资源。但从近两年来的应用现状看,我国地方高校各类开放课程项目在发展时往往容易成为一个脱离高校日常教学的独立实体项目,需要依靠校方大量拨款才能运行下去,可持续发展现状不容乐观。地方高校更多的是为了提高学校声誉和教学管理业绩,不惜成本投入开放课程项目申报和建设,而很少考虑经费投入所能带来的社会效益,对课程资源建设投入的有效性问题重视不足,开放课程项目资源建设资金短缺和效率低下困扰着许多地方高校。作为教育信息化一部分,开放课程项目是以促进教育整体效益最大化为目标,是一项长期投资而不是纯粹的消费,现阶段呈现投入高、牵涉部门多与管理复杂的局面,获取开放教育课程资源建设投资最大收益,是地方高校管理者面临的巨大挑战,有必要引入正确的管理方法来合理规划,保障地方高校开放课程资源建设的健康与可持续发展。将项目管理的理念和技术运用到开放课程项目建设中的工作亟待开展。

## 一、地方高校开放课程视频资源建设引入项目管理的理论基础

本节以视频资源作为开放课程资源建设项目管理研究的重点，因为它是学生较容易接受的呈现知识的方式，也是课程资源中核心的内容。项目管理是20世纪60年代，为适应大型项目协调、管理及监控而产生的一门管理科学，适用性很广，很多领域只要合理设计和应用都会取得理想的管理效率。开放教育资源建设过程诸多工作内容属于教育技术学科范畴，项目管理与教育技术间有很多相通之处，完全可以把项目管理引入教育技术中并进行创新应用。项目管理是确保在规定的时间和经费预算内，对特定的绩效问题规划和实施的合适的解决办法。教育技术学科的核心是强调利用各种技术资源以达到改进教育绩效的目的。

项目管理能在提高效益、缩短视频资源建设工期、降低建设成本、保证质量和综合收益等方面对开放课程项目产生作用。项目管理在实施过程、质量监控、效率等方面的精细模式，正是开放课程项目资源建设所急需的管理方式，其目标是优化设计和有效控制，对成本、人员构成、资源、项目进度、质量、投资风险等要素进行分析和管理，进而提高开放课程项目视频资源建设的最终效果和实现效率，最终满足用户（包括教育主管部门等投资者、教育工作者、学生）的期望。

## 二、地方高校开放课程视频资源建设存在的项目管理问题

从目前国内地方高校开放课程项目发展情况看，视频资源建设项目管理主要存在以下问题：

### （一）开放课程项目视频资源建设持续健康发展动力不足

目前地方高校已经开始重视开放课程资源的建设，投入了大量资金聘请专业公司制作课堂实录全程录像，同时教育管理部门和教育技术部门及外来制作公司之间缺少业务沟通，只是单纯地负责结算项目制作费用以及公司团队食宿费用，很少就项目开展情况进行质量跟踪和进度管理。从实际情况看，地方高校各类开放课程项目往往是出于体现政绩的功利性目的，很难常态化投入大量教改经费于视频资源制作，地方高校视频资源建设过程并没有体验其内涵——培养学生学习能力，培养创新人才，而是仅仅把它当作一项"争项目、争经费工程"，以致开放课程建设出现功能性障碍，作为一种资金密集型与技术密集型的长期系统工程，以网络教育整体效益最大化为终极目标的资源使用效益无从发挥。

开放课程项目管理受人力资源因素影响非常大，管理对象包括各种掌握专业技能的校内教育技术人员、教育教学专家、专业制作公司人员，必须保证每一位项目成员的适当利益以激发他们的敬业精神才能高质量地完成项目。教育技术、教学管理、教学资源设计等各部门在实施项目时分工不明，工作孤立，缺少有效沟通，成员是从各职能部门抽调，以部门来划分职责，成员作为个体在项目中的责任淡化，利益也不容易得到保障，因此积极

性不高，管理责任不明，给开放课程项目视频资源建设带来很多问题。另外，教育技术人员的管理技能也相对匮乏，现阶段不能满足高效管理的需求，还处在凭经验管理阶段，还不能科学有效地管理开放课程项目视频资源建设，还没有全过程的、动态管理的意识，对项目进行过程中的各种意外情境和问题缺少应对措施，项目实施过程中也疏于对外来专业制作公司进行质量跟踪和监控。

### （二）开放课程项目视频资源建设经验缺乏

目前各地方高校在开放课程视频资源建设过程中，各自为政、互不干涉、独立建设，缺乏必要的信息沟通和技术研讨措施，投资方案不规范，造成了各校重复性建设，资源严重浪费。主要原因是项目完成后很少建立文档资料，教育技术项目管理水平还处在初始阶段，项目绩效不能保证，项目经验总结归档与信息共享（为其他地方高校相似项目管理作参考）则无从谈起。

开放课程项目资源建设实施时，通常由关系最密切的行政职能部门牵头，通过部门领导协调，由其他职能部门提供技术支持。其间，各部门往往只注重自身局部利益，忽略项目的整体大局和建设目标；没有明确规定项目负责人，工作出现问题则互相推诿推卸责任。

目前地方高校部门开放课程项目视频资源建设时组织的松散团队，割裂了项目的整体性，成员间缺乏项目管理意识，不按项目管理的规范办事，难以配合协调，时常发生项目延迟，使得项目难以顺利实施。教学管理部门作为项目合同采购方与专业教师作为使用方之间没有很好地沟通，导致课程视频资源使用效率低下。在教学管理方面，很多地方高校在开发开放课程视频资源时，缺乏统一规划，缺乏预算管理，影响了信息化项目管理效果。教育部已经制定了开放课程建设的相关管理制度，地方高校虽也日趋重视开放课程项目政策的建设，但在日常执行过程中并没真正得以发挥。国家教育主管部门在地方高校开放课程视频资源总体建设质量不高的情况下，只得从已经评介不成功的项目中选择还不算太差的，令其限期整改，以保证一定数量的开放课程能投放到网络平台上，其实施效果显然难以达到最佳。

## 三、地方高校开放课程视频资源建设运用项目管理的策略措施

### （一）构建扁平化横向管理组织，规划、实施和监控开放课程视频资源建设

从近年来地方高校开放课程视频资源建设实践中，我们发现，视频资源的建设工作已不是一个地方高校教育技术中心这样一个单纯技术部门能独立完成的任务，除了健全跨部门的项目组织机制外，还需要培训一批综合实力强的教育技术管理人才，使他们既懂视频资源建设的专业知识，又懂管理。

在开放课程建设项目中，我们在地方高校内部成立由教育技术项目指导委员会指导下的扁平化横向管理组织，由项目管理办公室运营，教学设计专家、教育技术人员、网络在

线课程运营专家等人员，在纵向结构仍归属各职能部门并保持业务上的联系，但同时横向组团接受项目的任务安排。项目负责人经高校教育技术项目指导委员会授权对项目结果负责，职能部门领导为项目提供资源支持，促进项目团队内不同专业背景的成员互相交流，各职能部门资源也得到灵活利用。具体实践过程主要包括以下方面：

1. 项目规划

教务处负责课程视频资源建设工作的领导作为项目管理办公室负责人，教育技术部门视频资源建设负责人则作为项目经理，负责各项工作的执行。项目团队组建完毕后，开展需求分析工作：一是课程视频资源的设计（拍摄内容、机位布置、录屏软件的应用等）；二是资源制作流程的设计（时间、参与人数等）；三是学生对课程视频资源的兴趣。

项目正式开始后，把可交付成果和项目整体工作分解为较小的、更易于管理的组成部分，进而对整个视频资源的建设进度安排进行大致的计划，可分为四个阶段：一是在制作公司正式进驻拍摄前，安排课程组教师使用学校自备摄像机进行试拍，规范教学仪态，熟悉多媒体设备操作，减少正式拍摄时的意外情况发生机率，并减少相应的成本支出。二是当一门课程雇请制作公司入驻拍摄时，由项目经理招募愿意有偿参与视频资源建设并了解相关技术的师生现场观摩，获得必要的临场经验，以备将来能以相对较低的成本，独立完成后续课程资源的制作。三是一门课程拍摄完毕后，由项目管理办公室协调，项目经理组织其他课程组教师观摩研讨制作公司拍摄的原始素材和制作完成的成品，对课程组教师进行培训，使教师掌握开放课程视频资源的质量要求，减少后续课程拍摄的时间消耗和制作成本。四是选拔确定本校开放课程视频资源制作小组成员，请外来专业制作公司成本巨大，为了这项教育投资能长期维持，有必要将来安排校内人员并辅以必要的激励措施接手完成视频资源的制作。在对任务进行分解后对每项活动做出成本预算、时间规划和人员安排。

2. 项目进度执行与监控

执行阶段的主要任务就是按项目规划进行工作并全程监控和修正，对任何进度上的延误、意外环节的发生或经费上的超支都要及时采取修正措施随时记录下来，接受项目管理办公室和其他成员的查询。进度控制主要根据分解后的任务，把时间紧迫的视频资源建设环节用日程倒推的办法制定每日详细工作内容，然后做好进度管理控制的协调工作，包括与投资方（高校教学管理部门）、承建方（外来专业制作公司）及学校各课程组专业教师之间，调配资源做好保障措施，保证项目每个阶段都能顺畅实施。在项目执行过程中特别要注意各类文档尤其是纸质文档的整理，并保存直至有效期结束。

地方高校作为开放课程项目的视频资源建设方，成本控制关键在合同拟定后的实施阶段及时获取成本明细信息，做好由于课程授课教师各种因素造成的成本变更控制和应对，最终将成本控制在预算可接受的变化范围内。任何投资项目都需要有风险控制，在开放课程项目视频资源建设早期，结合各种可能因素，分析风险关键控制点，以制定应急预案，避免忙乱中出现更大的错误和损失。

## （二）成立网络型组织结构，在保持质量的前提下合理规划开放课程资源效益

网络型组织结构是教育信息化背景下，借助教育服务商力量发展起来的一种组织结构，由开放课程项目经理组成小组充任非常精简的中心机构，组织大部分职能以招标形式外包，包括视频资源建设研发机构、教学资源制造商、开放课程运营管理咨询机构和校内教学管理、教育技术部门组成，具有更强的应变能力，保证项目经理有更多的精力投身于开放课程视频资源国际最新发展形势的研究。这种组织形式立足于以几个固定连接的业务关系网络为基础的小单位的联合，但有必要有效地调控，以项目经理小组为中心保持各业务单位链接间的畅通，并随时根据需求增加调整链接组成单位，以提高组织结构的工作效率。地方高校普遍的发展目标将是重点培养工程师、高级技工等适合企业需要的人才，校企合作开发实践型课程视频资源势在必行。宁波某所地方高校的精品资源共享课视频资源由于紧密切合生产实践活动，有丰富的软件操作讲解屏幕录像资源，实用性高，社会效益显著，国内著名数字教育资源服务提供商也出资将其改造为MOOC（大规模在线开放课程）视频资源，后续发展势头良好。但由于项目经理小组经验不足，没有组织相关机构及时参与协议签订等工作，使得课程视频资源以比较低的价格将版权转让，没有产生更大的社会效益和经济效益。

诚然，地方高校建设开放课程资源进程中，出现了很多问题，但大多与利益驱使、管理不到位等因素有关，而不是开发视频资源的形式有什么方向性问题。历史发展的潮流不可阻挡，开放课程资源的全社会共享是整个教育发展的必然趋势。但是开放课程资源特别是视频资源建设需要投入大量的人力、物力和财力，在我国现有的教育条件下，走向高质量课程全面开放的过程尤其需要理性的导向和规范，剖析我国地方高校开放课程资源建设的投资结构及其"高投入、低产出"现象的影响因素，以期能够理性规划、引导、控制开放课程资源建设的各个环节，使其健康发展。

# 第五章 高校课程建设改革研究

## 第一节 高校物理课程改革与建设策略

物理课程,是一门对人类发展具有重要意义的学科,它推动了人类社会的进步和发展。而高校是培养当前探究性和技术性人才的摇篮,开展高质量的物理课程,为社会发展以及科技发展奠定了坚实的基础。随着时代的发展,社会人才的要求走向了创新意识、思维能力等方面。但是,在高校物理教学中,我们不难发现:高校物理教学正面临教学内容陈旧、教学方式单一等尴尬现状,限制了学生综合素养的提升,已经不适合当前人才的培养需求。因此,针对当前时代发展需求,对高校物理课程展开改革,才能为社会发展、人类进步输送大批高质量人才。该文主要从高校物理课程中存在的问题以及高校物理课程改革与建设策略,这两方面进行了详细阐述。

时代的快速发展,需要更多专业化的人才投入其中,推动人类的进步。大学物理课程,是工科类专业的基础课程之一,对学生的创新能力、思考能力、实践能力的提升具有极大的价值,也为学生今后深入学习奠定了基础。但是,当前的高校物理课程教学,逐渐偏离了原有的轨道,并没有发挥其人才培养的作用。长期以来,高校物理课程中的种种问题制约着当前学生的发展以及物理课程作用的发挥,让高校物理课程处于一潭死水之中。面对新形势的要求,对当前物理课程开展改革,转变教师的培养理念和培养方式,才能够为学生源源不断的输送动力,促进学生的不断成长。总之,面对工科专业学生的发展需求,高校物理课程改革已经迫在眉睫,教师在教学过程中不断探索、总结,推动物理课程改革的进程。

### 一、高校物理课程存在的问题

#### (一)教师的单一化

我们所需要的是综合性人才,而不是对知识的熟练程度。在当前师资队伍中更多是理论型人才,也就是简单的知识传递,而对学生研究能力以及实践能力的提升没有落到实处。教师单一化,让学生在培养过程中能力提升的单一化问题逐渐暴露出来,不利于学生整体素质的提升。另外，长期处于单一化教师的教学中，学生的思维模式以及创新能力都将受到一定的限制。一旦将来进入到工作岗位之中，这种能力的缺失暴露的会更加明显。当前，大学教师更多是讲授性的教师，未能够引导学生开展多样化的实践拓展，也进一步限制了学生的发展。另外，基于此，学生对物理课程的认识也将是单一化的，在深入学习中便会迷失方向。

### （二）教学内容的脱节

大学，是学校和社会的连接，从学校要学习进入社会的技能，而不是简简单单知识的学习，而是建立在知识基础上能力拓展。从当前高校物理课程出发，所进行的物理课程仍旧停留在知识的初级传递上，对学生各方面的知识的拓展是极为不利的。任何知识都是在实践中产生的，会推动社会的发展进步。高校物理课程内容和实践需求之间的脱节，一方面不利于学生今后的就业，另一方面也不利于我国科学技术的发展。长此以往，专业化人才的缺乏对社会进步所带来的影响可想而知。当然了，教材的滞后性是赶不上时代发展速度的，这也就需要教师能够根据时代的需求，有意识的引导当前物理学发展情况，去改变教学内容社会之间脱节的问题。

## 二、高校物理课程改革与建设策略

### （一）提升教师的专业素养，培养一支高素质队伍

想要呈现高质量的物理课程，便是需要一支优秀的师资队伍。毕竟，在教学活动中，教师处于引导地位，能够为学生带来全方位的体验。因此，在高校物理课程改革中，如何构建一支高素质的师资队伍是相当重要的。一方面，教师需要将经典物理知识传递给学生，另一方面也需要将当前先进的科研课题介绍给学生，帮助学生搭建理论知识和实践运用之间的关系，在提升其专业能力的同时激发起学习兴趣。首先，在高校物理课程改革中，要吸纳一批具有科研能力的教师，将当前世界的物理学的应用、成就等介绍给学生，拓展其知识面。其次，便是提升当前教师的科研能力和授课能力。将经典物理学知识更好的呈现给学生，激发学生的学习兴趣，另外，可以带领一批素质较为突出的学生进行一些简单的课题研究，提升学生的科研能力。在创设一支高素质的师资队伍中，应该始终坚持"外引内培"的方式，另一方面为当前的物理课程教学注入新鲜血液，一方面提升教师的整体水平，为物理的开展奠定坚实的师资基础。

### （二）与时俱进，丰富和完善教学内容

时代在不断发展，对物理知识也是在不断地丰富和拓展，大学的物理课程应该立足于经典内容，根据时代发展进行丰富和完善，从而提升学生的综合素养。高校的人才培养，最终是为社会发展和人类进步提供人才的，而不是单一的局限于简单的物理知识的传递。

只有根据时代的发展不断完善教学内容，才能提升学生的对物理学的认知，在今后的工作、研究中找到方向。首先，便是经典教学内容不容忽视。在高校物理课程中，有些经典知识是支撑整个知识体系的关键部分，仍旧是不容小觑的。教师便是夯实基础，为学生深入学习奠定基础。其次，便是针对当前物理学发展的介绍，引进当前物理学和高科技产品之间的介绍，帮助学生了解物理学在人们生活中的运用。当然了，物理教学内容的拓展和完善，建立在具体内容之上，实现理论知识和实践的融合，帮助学生找到兴趣点和研究方向，指引学生深入学习。另外，时代在迅速发展，但是物理课程却是处于一个相对稳定的状态，教师只有不断对物理教学内容不断进行丰富和完善，才能够帮助学生真正理解物理学的价值。

### （三）多元化的考核方式，促进学生的全面发展

在传统的物理课程考核中，更多时候是以期末考试成绩为主，平时考试及作业为辅，基本上考核属于一锤定音。这样的考核方式，让学生将自身的注意力全部集中的期末考试的那几天，进行突击复习，保证一个优秀的分数，并不利于学生综合素质的提升。毕竟，高校并不是进行人才选拔的地方，而是培养研究性人才的地方，也应该更加关注学生综合能力的提升。因此，在高校物理课程改革中，教师应该采用多元化的考核方式，弱化期末考试，促进学生的全面发展。在考核内容上，除了期末考试成绩，还应该融入作业、小组互动、专题讨论等内容，将考核贯穿于每一次教学内容之中。贯穿于整个学期的考核方式，才能够真正地反馈出学生的学习水平和学习能力。在考核方式上，除了常见的作业、考试，还应该涉及到课题研究、语言表达等形式，进一步体现考核方式的多维度，促进学生的全面性发展。对考核方式进行调整，让学生明白高校物理课程的培养方向，从而不断的严格要求自己。可以说，考核方式的改变，为学生提升自己指明了方向。

科技的迅速发展，离不开人类在知识海洋里的研究。建立在知识基础上的科技发展，为我们的生活带来了巨大改变，也让我们的生活丰富多彩，物理学便是其中的重要一部分。可能很多人还感受不到物理学对我们生活的影响，我们出门所用的导航，便是借助发射卫星所传递的信号，才能够对我们的出行进行准确的导航。当前高校的物理课程的教学和实际需求之间的关系不对等，进而造成了我国研究性人才的缺乏。长此以往，将不利于社会的发展。因此，针对当前高校物理课程中存在的问题，应该从教师、教学内容、教学方式等方面进行改革，以便更好地适应新形势下对人才的需求。当然了，改革是一个长期的过程，也是一个不断探索的过程，保持好的心态，有条不紊的开展教学实践活动，不断提升学生的综合素质。

# 第二节　高校健美课程建设与教学改革

高校健美课程的建设和发展从 20 世纪 80 年代中期开始，至今已经经历了三十余年的发展历程，当前，健美课程在各高校中已经得到了广泛开设并得到了广大高校师生的热烈追捧和喜爱，探讨高校健美课程建设的发展概况以及适应新形势下高校师生对健美课程的多元化需要，是促进健美课程在高校深入发展，完善高校体育课程群建设的现实选择。

健美运动深入发展，健身人群大量增长，健美需求多元化发展是当前健美运动蓬勃发展的内在原因，也是健美课程在高校得以生存并快速发展的外在需求。当前，健美课程已经成为高校必修的体育科目，在提高大学生体质，促进高校综合育人水平提高方面发挥了重要作用。

## 一、高校健美课程的建设和发展历程

健美课程在高校中的扎根要追溯到 20 世纪 80 年代末期，1988 年 9 月，时国家高等教育委员会将"健美运动"列入全国高等院校学生必须的体育科目，这成为高校健美课程发展的里程碑。此后，健美课程在我国高校中开始生根发芽并得到了快速发展，从最初的单一型的课程范式逐渐走向多元，经历了一个诞生、初步发展和新时期的稳步发展等几个阶段，具体来看主要分为以下几个发展阶段：

### （一）1985—1995 年的诞生阶段

1985 年开始，健美课程逐渐开始出现在各高校的体育科目中，但由于这一时期健美运动在我国尚处于遭禁止后的初步复苏阶段，民众对于健美运动知之甚少，高校学生对于健美课程了解的更是凤毛麟角，健美课程在高校中遭遇了寒冰时期，直到 1990 年左右，健美课程才开始被一些高校男生所了解和认可，高校中已经有不少男生开始参与健美课程，与此同时，这一时期高校也开始零星地组织一些健美活动和竞赛，吸引了大量学生来观看，健美运动和健美理念开始在高校中得到了较为广泛传播，为日后健美课程在高校的"繁荣壮大"奠定了基础。

### （二）1995 年—2005 年

1995 年后，随着我国健美协会的成立以及第 48 届世界业余健美锦标赛在我国上海的成功举办，健美运动在我国得到了快速传播，也极大地影响了高校师生对于健美课程的兴趣和热情，这一时期高校男生参加健美课程已经十分普遍，并吸引了少量的女生也加入到了该课程中来，各种健美活动在高校纷纷举办，甚至有不少高校组织学生参加省乃至国家级别的健美比赛，伴随着健美课程受到在校学子的热烈追求，健美课程的建设也得到了进一步的加强，健美课程教学方式、教师业务素质、高校健美设施场馆的建设以及大学生健身组织等都到了较大的发展。

### （三）2005年—至今

2005年以来，高校健美课程已经成为高校体育科目中的"香饽饽"，受到了广大在校师生的热烈欢迎。在学生参与上，女大学生人数得到了快速增长，特别是在一些文科类高校中，女生参加健美课程的数量甚至已经超过了男生；在健美赛事上，高校中各种健美活动和竞赛可谓层出不穷，各种级别、形式的健美活动得到了举办，健美活动形式也由单一走向多样化，如男子健体、女子健体、古典健美等等，成为高校体育科目的重要组成部分。

## 二、高校健美课程的教学改革分析

为适应新形势下高校健美课程建设和发展的需要，高校应因地制宜对健美课程进行适时的教学改革，不断增强健美课程实施质量，提高大学生综合体质水平。

### （一）利用现代传媒，激发学生自我健美锻炼意识和能力

没有自我教育的教育不是真正的教育。新形势下的高校健美课程需要适应高校体育教学的整体改革步伐，从"以教为主"向"以学为主"转变，这就需要健美教师不断探索新的健美教学模式和教学方法。推进健美课程从以课堂教学和练习为主向课内外相结合的教学模式进行转变，有效拓展学生进行健美锻炼和学习的渠道，实现课内外锻炼的有效结合。教师应引导学生主动利用各种现代化传媒来积极进行自我健美锻炼，培养良好的自我健美锻炼意识和能力，切实提高高校健美课程教学质量。

### （二）完善高校健美教学评价体系

科学完善的健美教学评价体系可以有效倒逼教学改革顺利进行。当前，教师需逐步对高校健美现有教学评价体系进行修正和完善，改变单纯以课程成绩为指标的评价模式，推进以成绩评定为主向结果与过程相结合发展，积极构建过程评价与结果评价相结合的评价体系，在对学生的健美课程进行评估时引入形成性评价机制，推进综合评价，教师应更加关注学生的日常表现如健美意识的提高、健美能力的发展等方面，对积极参与课外健美活动和竞赛的学生给予适当加分，从而引导学生养成良好的健美锻炼习惯，提高体质水平。

### （三）积极帮扶各种大学生健美组织

大学生健美组织在传播健美理念、培养大学生自我健美锻炼意识和能力以及丰富大学生体育生活等方面意义显著，因此在对高校健美课程进行完善的过程中不可忽视各种大学生健美组织在促进大学生健美意识和能力发展中的重要角色。针对当前高校中各种健美组织发展的盲目及无序状态，高校及教师应积极通过各种措施如场地审批、经费支持等方式帮扶校内大学生健美组织的发展，强化和激励大学生健美组织的自我管理水平，从而有效

促进高校健美运动的发展。

总之,作为当前高校体育科目的重要组成部分,健美课程在高校体育学科建设、提高大学生整体健康水平等方面发挥着重要作用,高校应切实意识到这一点并积极通过有效措施促进健美课程发展和教学改革,努力实现健美课程在高校的新发展。

## 第三节 高校思政课程体系改革和建设

高校构建创新思政教育体系,有利于创新思维的养成,有利于创新精神的培养,有利于创新能力的提高。高校思政课程的改革,要从教育的角度,通过内容、机制以及管理上的创新,培养大学生的创新精神,为我国的来发展培养优秀的建设者和接班人。

随着时代的进步,社会对创新型人才的需求也在不断增加,为使人才培养适应国家发展的需要,近年来,党和政府连续下发了一系列文件加强高校大学生的思政教育。文件不仅明确了我国高校现阶段对大学生进行思政教育的必要性,而且分析了高校在进行大学生思政教育的不足,并就相关问题提出针对性的解决措施,以满足我国在国际发展中日益增长的需求。为应对多变的国际形势,加强对我国现代化建设接班人的思政教育是十分有必要的,培养创新型人才有助于我国在动荡的国际形势中发挥主观能动性,稳定和不断提升国家在国际社会中的地位。因此,加强对高校大学生的创新精神的塑造以及创新能力的培养迫在眉睫。

### 一、构建创新思政教育体系对创新型人才培养的作用释义

#### (一)有利于创新思维的养成

培养学生的创新能力,首先是要使其建立创新型思维。在思想政治理论教育体系中,马克思主义哲学作为思想政治的先驱,总结了人类社会存在的本质等,马克思主义哲学由于经过革命先辈们身体力行的奉献,由一册理论转变为不懈的实践,并最终成为人类社会的遵循,在这个过程中,思想政治理论经过不断的探索和完善,已经成为社会向前发展的良策,具有高度的指导价值。另一方面,我国的现代化建设进程不断推进,随之而来的还有对于人才素质、水平的高标准、高要求。为适应社会发展的需要,高校在对大学生进行思政教育时,一定要严格按照规范,务必保证教学过程的科学合理性,促使学生将创新思维融会贯通,形成习惯,能够在生活中灵活地运用创新思维处理问题。

#### (二)有利于创新精神的培养

创新精神并不是人们思想意识活动的具体实践,而是一种宝贵的品质。高校对大学生进行思政教育就是通过对这种精神的解读,使学生深刻地领悟并激发自身的潜力,促使学

生在处理问题时应用创新思维,使学生充分认识到创新思维相比于固有思维定式的优越性,从而激发学生对创新精神的浓厚兴趣,实现创新精神的传播与推广。高校在对学生进行思想政治教育时,将该教育体系中包括科学、严谨、进取在内的宝贵精神传达给学生,加强对当代大学生的创新意识培养。

### (三)有利于创新能力的提高

培养学生的创新能力,并不是一蹴而就的。学生创新能力的提升需要学校、教师以及学生本人的密切配合,教师在整个过程中起到引领的作用,学生正是在其丰富、有价值的教学活动中发觉自我的创新潜力,因此,在培养学生创新精神的教学活动中,教师需要根据自己的探索成果对教学方案设计进行完善,帮助培养创新型人才。

## 二、高校思政教育现状透视

从我国不断抓紧教育改革,推进现代化进程开始,思想政治教育就成为了党和政府对高校教育改革关注的重点,同时,在党和政府的领导下,高校思想政治教育也取得了一定的成果。但是,校园"投毒"及其他恶劣事件的频发也在昭示着我国的高校思想政治教育仍有很长的一段路要走,还有很多地方需要改进。

### (一)学生不重视

与专业课及外语课相比,大学生对于思政课的重视度还远远不够。很多学生在上思政课时小动作不断,对于老师教学效率的提升造成不利的影响。一些学生的课堂表现比较糟糕,并不能跟随老师的教学进行思考,充实自己的知识水平。

### (二)教师方法单一、思维僵化

教师在进行思政教学时,依然坚持传统的教学模式,枯燥的教学内容显然不能引起学生的学习兴趣,学生无法与教师在课堂教学中通过配合提高个人的思政水平,导致当代大学生的创新精神贫乏。因此,教师应该紧跟时代潮流,应用现代技术引导学生学习思政内容。教师应该及时根据时政热点等更新自己的思政讲授内容,在解释观点时,以马克思主义理论为出发点,在此基础上进行探讨。

## 三、我国高校思政教学从教材向实践体系转变的问题解析

### (一)学校方面的误区

思维方面的误区是,认为人才培养的关键是专业知识及技能的传授,忽略学生的思想教育。在评判高校办学水平的高低时,就业率显然是一个重要的指标,但若将其作为唯一的指标就不全面。在高校对大学生的培养教育中,思想政治课虽然被作为选修性质的课程,但其内容对于大学生来说,却是必须掌握的。大学生综合素质水平的高低才是判定一个大

学生踏入社会后其适应能力大小的根本。在我国市场经济蓬勃发展的现代化建设中，一些高校片面追求学校效益，忽略为社会培养高素质人才的教义，忽视对学生的思想政治教育。因此，高校在进行教学改革时，应该深刻认识到现代化教学的目的之一就是为国家培养有思想、专业水平高、综合能力强的高素质人才，思想政治教育在培养高素质人才的过程中是一门必不可少的课程。

### （二）教师方面的误区

教师在教学活动中主要起引领的作用，带领学生沿着正确的教学思路进行探索，在思政教学教材——实践的转变中的作用不可替代。但是，因为高校内存在的对思政教育的忽视，导致仅凭教师的力量难以实现思政教学质的飞跃，除此之外，高校的教学管理模式也亟待改进，在传统管理模式之下的课堂教学活动已无法满足现代化建设对当代大学生思想政治觉悟的需求。此外，高校对教师的考核标准也需要进行改善，将传统中教材与教学一致性的考核标准转变为教师教学展示的成果。

### （三）学生方面的误区

学生对思想政治教学也表现为忽视，这种不认真的态度主要是在学校领导态度以及教师教学态度的影响下产生的。当代大学生普遍就业压力大，在这种情况下，大学生不免认为补充专业知识才是当前的紧要任务，专业领域之外的思想政治修养则是浪费时间、浪费精力。因此，大学生往往不会对思修教材进行深入学习，更不用说思修课堂的实践了。

## 四、构建创新思政教育体系的具体实施策略走向

### （一）关注社会热点问题

大学生在平时的学习生活中，早已形成了自己独有的人生观、价值观，并且也能对当今的时事热点进行思考，高校在对学生进行思政教育时，就可以以此为突破点，通过引导大学生进行时事分析，对其进行思想政治教育。例如，在现代化进程中，学生会关注贫富差距以及分配制度相关的热点，看法各不相同，这就是进步，表明学生已经具备相当程度的思想政治意识。针对分配制度等热点问题，学校可以通过设置课题等形式引导学生积极探讨。

### （二）加强精品课程建设

要想实现真正意义的大学生创新思维、精神、能力等的提升，就要切实做好大学生思想政治教育工作。在对大学生进行思政教育的过程中，可以采用"划重点"形式，在重点内容的教学中通过专题讲解的形式帮助学生达到巩固的目的。另外，还应根据思政教育的根本要求对学生的学习进行针对性设计，帮助学生提升自我。

### （三）增设选修课程扩宽视野

高校可以通过开设思修课的形式，通过教师的课堂教学对学生进行思政教育。另外，为提高思政教育的教学效率，高校可以聘请专家授课，通过有深度的教学内容丰富学生思政水平。为保证学生在接受思想政治教育后，自身思政水平有所提高，高校在设置思修课时，应该从学生的实际水平出发，通过符合实际的思修教学提高学生的创新思维水平。

### （四）开展"理想与人生"的专题讲座

开展讲座时，应该注意抓住思政教育的主题，以专题结合学生实际生活的形式对学生进行深入教育，塑造学生正确的世界观、价值观、人生观。开展系列讲座有助于明确学生综合素质提升的标准，使学生认识到创新思维以及能力对于自我提升的重要价值，保证学生的身心健康发展。

综上所述，高校在对大学生进行思想政治教育时，不仅要从教育的角度通过内容、机制以及管理上的创新培养学生的创新精神，还要在马克思主义基本原理的指导下对创新思想教学展开探索，在不断地发展中完善对学生的思政教育，为我国未来的发展培养优秀的建设者和接班人。

## 第四节 高校计算机课程教学改革与建设

21世纪，信息时代已经到来，信息技术的获取、整合与利用是决定着一个国家、组织、个体能否实现可持续发展，获取竞争优势的关键。高校是信息技术推广传播、研究、开发、应用的重要阵地，我国高校通过计算机课程教学推广传播信息技术，培养掌握信息技术的高素质应用性专门人才，对于加快我国信息化建设、加快我国信息产业发展，推进信息革命，推动我国产业升级改造发挥这极其重要的作用。如何通过计算机课程教学改革，加快计算机课程建设，提升计算机课程教学水平，更好的服务经济社会发展，已然成为社会关注的热点问题。

### 一、高校计算机课程建设现状

高校计算机课程教学是高校人才培养工作的有机组成部分，经过多年的发展与建设，我国高校计算机课程建设取得的成绩有目共睹。为适应信息时代发展与建设的需要，我国高校把《信息技术基础》课程作为通识教育必修课面向非计算机专业学生开设，有效地提升了专业学生的信息技术水平和相关技能。大多数的高校开设了计算机相关专业，组织实施专业教学，培养了大量的信息技术领域的高素质专门人才。很多高校还开设了《动画制作》、《图像处理》、《数据库》等通识教育选修课程，极大的满足了不同专业学生对于信息技术的个性化需求，调动了学生学习计算机课程的积极性、培养了学生对于信息技术的兴趣，很好的落实了"因材施教、促进学生全面发展"的教育理念与方针。

新形势下，高校仍应清醒的看到：我国高校计算机课程教学起步较晚，与国际先进水平还有很大差距，这样的差距势必会影响高校培养适应经济社会发展需要的高素质创新型人才的水平与规格，成为制约我国适应信息时代发展的人才培养的短板。该文意在以高校计算机课程建设为出发点和落脚点，以高校计算机课程改革为突破口，以改革促建设，探索全面推进高校计算机课程建设、确保高校计算机课程教育教学质量、更好的服务高校人才培养工作全局的有效举措。

## 二、高校计算机课程改革与建设的主要措施

### （一）转变教育教学观

课程教学改革首要解决的问题就是课程教学观念的问题，观念的问题看上去很空泛、很抽象。然而，观念的转变对于计算机课程教学改革的成败却是决定性的。高校计算机课程教学应在理顺教师与学生"教""学"中的关系和地位的基础上，树立新型课程教学观。传统的教师与学生"教""学"中的关系和地位强调的是教师在组织实施课程教学中的主体地位，强调灌输式的理论讲授与知识的简单的短期机械复制记忆。这样的关系与地位，制约了教师与学生两个方面"教"与"学"的积极性，教师组织教学活动简单一贯，学生学习的兴趣与主动性被打压，课堂教学气氛死气沉沉。尤其是计算机课程作为理论与实践并重的课程，如若扭转这一局面，建立良性的"教"与"学"的互动关系，就要在计算机课程教学中构建以学生为主体、以教师为主导的新型良性互动关系。在此基础之上，树立以学生为根本，充分调动学生的积极性，引导学生学会学习、主动学习、自主学习的新型计算机课程教育教学观。

### （二）优化教学内容

高校在设计、调整计算机课程教学内容时既不能关门办学与闭门造车，也不能一味盲目的学习借鉴。既不能完全地依托教材，也不能完全地脱离教材。既不能一味的强调实践教学，也不能完全地忽视理论讲授。一方面，高校计算机课程教学内容应紧紧围绕专业人才培养方案与目标就业岗位对于人才的需求。高校应依托校企合作这一办学与育人平台，组建专业建设指导委员会与学科建设指导委员会，与用人单位实时对接，根据信息技术的更新换代实时调整优化课程教学内容。另一方面，基于高校计算机课程教学突出强调理论与实践并重的特点，高校计算机教学内容的调整与优化，应该突出实践教学内容与实践教学体系建设。

## （三）探索新型教学方法

高校计算机课程教学实践已经证明传统的灌输式的教学方法已经越来越不适应新形势下对于人才培养对于课程教学的新要求，结合高校计算机课程强调理论与实践并重这一课程教学特点，高校应通过探索运用任务教学法、项目教学法等切实有效的新型教学法，充分调动专业学生学习计算机课程的积极性。优化高校计算机课程教学情境创设，引入情景模拟教学法，使课程教学内容更贴近于目标就业岗位实际，通过课程教学，切实提升学生解决实际工作问题能力。充分开发整合高校计算机课程教学资源，拓展高校计算机课程教学的空间，提高高校计算机课程教学资源使用效率，为学生营造自主学习、自主探究的学习环境。通过运用上述教学方法组织实施高校计算机课程教学，切实实现"学中做""做中学"。

## （四）强化过程性考核

如若提高高校计算机课程教学水平与质量，通过上述内容的调整与改革，显然是不够的。高校计算机课程教学应打破传统思维定势，强化课程过程性考核，提高课程性考核占学生课程考核成绩比重权重，将包括作业、科研小论文、小创作发明、出勤、课堂表现统一纳入平时成绩，作为课程过程性考核的重要组成部分，确定清晰明确的过程性考核的指标及标准体系。考核不是学生学习的目的，也不是教师教学的目的，考核是检验课程教育教学效果、及时发现课程教育教学中存在的问题的重要依据。知识与技能的获取更多的是在学习过程中才能够得以体现与实现，通过过程性考核进一步调整优化课程教学，持续提高改进课程教学实施效果，确保学生能够在积极主动的学习过程中学到知识技能。

## （五）加强师资队伍建设

高校计算机课程改革能否取得预期成效，教师是重要保障，高校应大力加强计算机课程教师队伍建设，通过人才引进上的政策支持，吸引社会优秀人才进入计算机课程教学队伍，优化补强现有师资队伍的年龄、学历、职称结构。通过人才培养上的政策支持，创造条件鼓励教师外出培训、在职提高学历。依托校企合作平台，培养锻炼计算机课程教学队伍组织实施实践教学的能力、全力提升计算机课程教学队伍的教学科研能力。

高校计算机课程教学改革是高校各项改革事业的重要组成部分，高校计算机课程改革是为了提高高校计算机课程教育教学质量。然而任何改革可能都不会一帆风顺，大都是一波三折。高校计算机教学改革的推进者、实施者务必以提高高校计算机课程教育教学质量为己任，克服改革过程中的各种困难、破除改革中的各种阻力，大胆创新、持之以恒。唯有如此，高校计算机课程教学改革才能够真正地有成效，才能够真正地通过改革推动促进课程建设，更好的服务于人才培养工作全局。

# 第五节 高校"形势与政策课"课程建设改革

"形势与政策课"是对大学生进行形势与政策教育的主渠道、主阵地,是每个学生的必修课程。"形势与政策课"作为高校思想政治理论课的重要组成部分,只有不断加强课程建设创新,才能不断提升教学效果,建立起一套行之有效的教学、管理、考核办法,发挥课程建设创新的作用,提高学生对当前形势和政策的认识领悟能力,实现课程建设的最终目标。

"形势与政策课"作为高校大学生的一门必修课,随着世情、国情、党情的不断变化,其对学生思想政治教育的主渠道、主阵地的作用愈发重要。高校如何通过"形势与政策课"的课程建设,更好地对大学生进行党和国家的路线、方针、政策教育,正确引导他们坚定社会主义理想和信念,成为德智体美劳全面发展的有用人才,是当下高校教育工作者必须认真思考的问题。

## 一、"形势与政策课"课程建设创新是高校思想政治教育的必然要求

形势与政策课作为"高校思想政治理论课的重要组成部分,是对学生进行形势与政策教育的主渠道、主阵地,是每个学生的必修课程"。2005年,中宣部和教育部联合发文《关于进一步加强和改进高等学校思想政治理论课的意见》,强调要通过"形势与政策"课的教学"开展党的路线、方针和政策的教育,帮助学生正确认识国内外形势。"形势与政策课作为一门时效性很强的课程,有独特的教学规律和教学特点,课程体系的建设必须符合学科建设要求,紧紧围绕"高校培养的是中国特色社会主义事业建设者和接班人"这一中心任务,把"举什么旗、走什么路、培养什么接班人、培养的人跟着谁走,作为贯通其中的主线、根本"。高校的思想政治教育必须坚持社会主义办学方向,为建设中国特色社会主义培养人才。如果偏离我国高校的社会主义的办学性质,那么在办学方向上就会迷失,我们高校培养的人才在为谁服务上,就会偏离原本的目的。

## 二、"形势与政策课"的教材体系建设是确保教学内容更加科学、准确、严谨的前提

"工欲善其事,必先利其器"。在动态中编写出科学严谨、涵盖知识点全面、权威的教材是"形势与政策"课程建设的当务之急。基于此,课题组每学期初,根据教育部中宣部颁发的"形势与政策课"教育教学要点,教学团队分专题编写讲义,制作PPT,全校教师上课统一使用,同时把这些材料全部挂在网上,便于学生共享;整理中央电视台的"焦

点访谈""新闻调查""实话实说""国际观察"等栏目的视频资料，上传网站，作为学生课下学习材料。

"形势与政策课"课程具有与时俱进的特性。形势与政策课的任务就是及时有效的向学生进行党和国家的路线、方针、政策的宣传教育，引导他们适时了解国际的热点焦点问题；形势与政策课反映的是当时代的事物现象及党中央所做的一些新的政策、路线和方针，每个学生只有不断接受新事物、新思想，才能推动自己更好地发展；形势与政策课内容量很大，也就决定了它内容的复杂性。目前，各高校"形势与政策课"只是根据教育部教学要点和专题，任课教师自己备课、教学，这样在教学过程就会出现教学内容深浅不一、教学内容随意性较大、效果参差不齐。所以，当下课程存在的问题与课程特性决定了"形势与政策课"必须加强教材体系建设，统一教材，统一教学内容。

## 三、"形势与政策课"应围绕培养学生形成正确独立"三观"作为课程建设的中心任务

青年学生是祖国的未来和希望，我们给青年学生什么样的教育，就是为他们准备了什么样的人生。"培养什么人，怎样培养人"，成为高校教育的根本问题和永恒主题。中国特色社会主义大学应把学习研究宣传马克思主义，作为培养德才兼备人才的主要内容和根本途径，把马克思主义理论研究和建设工程作为铸魂工程，把马克思主义作为形势与政策课的指导思想和理论基础，在形势与政策课课程实际理念上，必须紧紧围绕培养社会主义接班人和建设者这一主题，把马克思主义、中国特色社会主义理论、社会主义核心价值观等教育进课堂、进教材、进头脑、进灵魂，确保做到真学、真懂、真信、真用。真学，就是要主动地去学，并贯彻于自己工作的始终；真懂，就是既能对理论本身所表述的内容理解，又能明白理论提出问题的依据及所要解决的问题；真信，就是思想的深处与理论产生共鸣，并且积极去宣传和践行；真用，就是要用理论指导实践，使每一位教师"授人以鱼，不如授人以渔"，作为一种科学的方法论，来指导学生形成正确的世界观、人生观、价值观，独立自主地处理学习、工作中遇到的问题。把培育和践行社会主义核心价值观融入教书育人全过程，使青年学生牢固确立起社会主义核心价值观，在政治上、思想上、行动上始终与党中央保持高度一致，使"道路自信、理论自信、制度自信、文化自信"在他们灵魂深处扎根发芽。

## 四、深化教学改革是提高"形势与政策课"教学质量的关键

### （一）建立科学的课程排课体系，保证有效的学习时间

高校形势与政策课作为一门必修课，各高校在课程设置上重视程度不够，随意性强，把它作为一门可有可无的课程来对待，有的学校不能保证学时，有的学校覆盖不到位，课

程规范化建设存在着发展不平衡、课程管理不规范等问题。在实际调查中，我们了解到有些学校为了保证专业课的上课时间、教学效果，将形势与政策课安排在晚上或周末，从某程度上弱化了"形势与政策课"的教学，严重影响了教学效果和教学质量，使"形势与政策课"成为可有可无的课程。基于这种情况，高校要建立"形势与政策课"科学完备的排课体系，把这门课程同专业课一样纳入学校的教学计划之中，明确教学要求和教学时数，列入课表，进行统一排课，严禁排课上课的随意性，确保稳定的教学时间和教学场所，实现教学时间课程化，防止教学的随意性和应付性。

### （二）建立集体备课制度，统一教学研究，确保教学质量

"形势与政策课"内容的时效性，对于教师而言，每一学期安排的专题课都是新课，涉及的学科广，知识面宽，对任课教师的要求比较高，因此，高校要对"形势与政策课"进行有针对性的教学研究，通过组建教学团队，把那些理论基础扎实、学术水平较高的思想政治理论课教师，及相关研究领域的专家，纳入教学团队，通过举行研讨会、座谈会、集体备课等方式，开展形势与政策课程的教学研究，确定教学内容及商讨运用何种教学方式、方法，来提高教学效果。同时，通过集体备课，发挥集体的智慧，取长补短，解决备课过程中青年教师遇到的缺乏资料、认识肤浅等问题，实现资源共享，克服了教师个人教学的随意性，整体提高"形势与政策课"课程教学内容的质量。

课前集体备课，统一教研，可以发挥教学团队的优势，突出专家在团队教学中的引领作用，强化每位教师对教学内容的把握。课前集体备课，每位老师可以充分选择自己比较擅长的专题，进行备课，选定专题，在经过精心思考后，团队集体备课时，每位老师把自己负责的专题的授课内容、教学步骤、教学方法，以说课的形式，向团队备课组进行汇报，备课组针对各个老师说课情况，提出建设性的修改意见并确定这一专题的授课讲稿，加强了教学设计的完整与规范。通过这种集体备课形式，充分调动起教师的积极性和主动性，确保每个专题在教学内容深度和广度上有所突破，避免了每个老师所有专题都要备课，面面俱到，影响到备课的质量。同时，在备课过程中，各抒己见，丰富完善了每个专题的内容，形成了一套系统的由不同专题组成的教案库，统一了教学内容，便于教师对教学内容的把握。

### （三）创新丰富教学形式，提高课程的教学效果。

一门课程的好坏，关键是学生对教师教学效果的评价如何。我们在实际调查中发现，学生不喜欢"形势与政策"课原因是绝大多数老师教学形式单调、教学模式陈旧、教育手段落后，不能很好地根据学生的需求，与时俱进的选择先进的教学模式、教学方法，从而影响了"形势与政策课"的教学效果。前苏联著名教育家巴班斯基指出："如果没有运用适当的教学方法就不可能实现教学目的和任务。"高校形势与政策课改革与创新就是要改变以往的教学模式、教学方法，在教学过程中要根据学生实际情况的变化，准确把握学生

个体的需求和接受程度，根据不同的教学专题，运用丰富多样的教学形式和教学方法，更好地满足学生对教学的需求，推进"形势与政策课"教学体系的创新。

**1. 创新教学方式，提高教学效果**

"形势与政策课"具有教学内容丰富、学科类别多、时效性强的特点，这就要求形势与政策课教学必须依据专题的内容，采取不同的教育方式。单一的"满堂灌"教学方式已经不能适应时代的教学要求，将教师单向说教，转变为师生互动的教学方式已经成为当下教学的改革方向。互动教学模式，使教师的角色发生变化，从原先单调向学生传授知识，转变为引导学生如何学习知识和掌握知识。在教学过程中，教师把预先设计的主题、问题告诉学生，学生根据自己的意见分组讨论、发言；学生也可以根据教师的指导意见，通过自己的分析思考，对讨论的问题汇集整理，制作成自己的PPT课件，进行课堂内交流。最后，教师根据学生讨论、发言、讲课的情况，适时进行评讲，好的地方予以鼓励，有问题的地方及时提出意见建议。这种学生参与的教学方式，将教学过程由单向灌输转变为双向互动，提升了课程的吸引力和学生的学习兴趣，调动起学生的积极性和主动性，使学生从被动接受的学习转变为主动研究和探索的学习，增强了学生自主学习的能力，加深了对知识的理解与掌握，提升了其运用知识的水平。同时，在教学互动的过程中，教师既能全面了解课堂学生对自己讲授内容的认知情况，又能及时发现自己授课过程中存在的不足，加以调整完善。

**2. 运用现代化教学手段，提高教学的实效性**

随着新媒体的大量涌现，在教学过程中，适时运用现代化的教学手段，能起到事半功倍的效果。教师通过应用多媒体课件，更直观地将文字信息、图片提供给同学，增强了教学内容的可视性和实效性，提高了课程的感染力和吸引力，将枯燥的教学过程变得更有时效性、针对性与鲜活性。

开展网络教学。通过大量调研，我们了解到学生把网络作为他们获取热点新闻的第一途径。学校可以通过开发课程专题网站，拓宽教育的空间，让学生在网上浏览形势与政策课的相关内容；开通在线专家论坛、网上教学、网上讨论等活动，学生可以进入讨论区发表自己的意见和评论，与老师进行网上互动，对课程建议或者自身问题进行留言；适时向学生推荐主流媒体刊发的时政材料，提升学生对形势政策的关注力；开辟网上教师信箱，进行网上答疑；下载网络媒体资料，进行必要的剪辑，形成一整套的视频资料，与每个专题教学的PPT课件一起挂在网上，补充完善形势政策课的内容。

**3. 引入实践性教学，鼓励学生积极参加社会实践**

"授之以鱼不如授之以渔"，高校形势与政策课，不仅在传授知识，更在传授方法，让学生把其在课堂上所学到的知识运用到生活实践，并指导自己的实践活动。基于此，高校形势与政策课必须将实践教学纳入其中，合理安排实践教学内容，让学生在具体的实践中真正体会形势与政策课给自己的身心带来的指导意义。

社会实践活动是大学生了解国情、社情和民意的主要渠道，学生只有走进社会，深入农村、社区和企业开展调研活动，通过自己的耳闻目睹，才能真正体会到党的政策给老百姓带来的实惠，真正认同党的路线方针政策，真正坚定"四个自信"，增强学生爱国主义情怀，树立发奋图强之志。同时，通过"三下乡"社会实践，培养学生关注"三农"意识，增强他们的社会责任感，使他们在社会实践中受教育、得锻炼、长才干。

**（四）建立科学统一考核机制，严格管理。**

目前形势与政策课教师的成分复杂，给教学管理与考核带来很大的困难，再加上管理制度不健全、不完善，从而在教学工作中出现职责不清，互相推脱现象，直接影响了教育教学效果的考核。因此，要建立科学统一的考核机制，在教学考核方面要做到严格管理，科学测评，力求公正、公平、公开，既能全面评价教师的教学，又能客观的反映学生的学习。

首先，应建立科学合理的教师考评机制。对课程的教学过程与教学效果考核评价，其目的旨在通过考核，教师能够对自己的教学有一个客观的了解，及时发现教学过程中存在的不足，以便在今后的教学过程中加以改进。基于此，教学评价要覆盖教学的全过程，把课堂教学的内容与课外实践教学的内容相结合；学生期末考核的成绩与学生平时成绩相结合。对专职教师考评采取学生评价和同行评价，考核具体指标包括"教学态度、教学方法、专业学识、科研成果"等方面，全面对教师进行考核评价，并及时对考核结果进行分析，同教师进行交流反馈，督促教师改进教学过程中存在的问题，来提高自己的教学水平。对兼职教师，尤其是辅导员，由学工处、教务处、所在学院进行考核，以便使他们全面了解自己的教学情况，进行分析总结，找准改进的方向。

其次，在考核形式上，将期末考核同日常考核相结合。对学生的日常表现进行全面考核，纳入学年考核总成绩，这对于调动学生的学习积极性具有极大的促进作用。

再次，在考核内容上，将理论考核与能力考核相结合。形势与政策课的考核既要重视对理论知识掌握的考核，又要重视对学生运用知识分析问题、解决问题的能力考核。对学生能力的考核，在形式上，可以通过学生参加实践的形式进行。具体来说，教师通过给定内容，以案例的形式，要求学生讲演、分组讨论、辩论等形式进行考核，教师依据学生运用所学知识分析问题、解决问题所表现出的能力，做出客观的评价。

总之，面临新形势新任务，高校的育人目标使"形势与政策课"这一必修课的课程建设任重道远，我们只有通过不断课程建设的改革，优化教学内容、创新教方法、丰富教学形式、完善考评机制等，才能提高教学内容的吸引力和感染力，增强形势与政策课教学的时效性和实效性，更好满足中国特色社会主义大学人才培养的需要。

# 第六节　高校舞蹈编导专业课程建设与改革

随着改革开放市场经济的大力建设，人们在基本的物质条件满足之后，对精神生活的要求日益升高，对文化生活、文化节目的需求性越来越大，导致舞蹈、歌曲类节目的市场缺口很大。在此基础上很多普通高校开设了一个新的舞蹈类专业——舞蹈编导。然后随着越来越多的高校开设舞蹈编导专业，其教育的体制也逐渐暴露出一系列的问题，如学生希望学习到的内容和教学内容不匹配；教学内容与市场需要毕业生具备的能力不匹配，这两个不匹配导致了舞蹈编导专业的社会适应性问题日益严重、急需解决。本节通过介绍普通高等院校舞蹈编导专业课程设置相关概念以及舞蹈编导专业的发展背景和专业课程设置的现状，进一步对普通高等院校舞蹈编导专业人才培养的目标进行探析，在普通高等院校舞蹈编导专业课程设置的原则，对普通高等院校舞蹈编导专业课程的建设与改革进行合理设想。对今后合理开设舞蹈编导专业的课程有积极意义，对整个舞蹈编导专业更好的适应市场需求也有重大的意义。

在低房价区域，土地价格每增加1%，房价将随之上涨0.38%；反之，房价每增加1%，地价将随之上涨0.44%，且均在1%的显著性水平下显著。同时，房价每上涨1%，又会引起物价在5%的显著性水平下增加0.07%。由此可知，低房价区域的土地价格每增加1%，通过房价的上涨传导机制，可以导致该区域物价水平上涨0.03%。

## 一、普通高等院校舞蹈编导专业课程设置相关概念

舞蹈编导专业是对舞蹈编导所需的人才培养、舞台导演、剧本创新、创新都进行科学研究和社会实践的一门学科，同时也是一门舞蹈编导的教育理论和舞蹈人体动作编创技巧的学问。该专业培养出的人才可以从事国舞、芭蕾舞、现代舞等舞蹈的编剧和舞台导演以及这些舞蹈的教学和研究，主要在学校、舞蹈科研专业、表演团体/机构从事。其特点是集成中国传统舞蹈的优势，融合世界各著名舞蹈的文化，构建成一个完整的、系统的、开放的、科学的、可持续的中国舞蹈编导学科的教育体系。

## 二、普通高等院校舞蹈编导专业发展背景

舞蹈编导专业开设是在舞蹈教育快速发展的前提下，而当今舞蹈类教育的如火如荼要得益于几代艺术家的辛勤付出。20世纪三四十年代的著名舞蹈编导家吴晓邦、戴爱莲开创了舞蹈编导的先河，分别在现代舞和民族舞两个领域留下许多他们创作和表演的优秀舞蹈剧目，再到后来三四代人的发扬光大，如苏时进、张继刚、杨丽萍、金星等优秀的舞蹈编导家，他们分别在自己的领域为了中国的舞蹈编导的蓬勃发展贡献出自己的力量，也是

现今中国普通高校舞蹈编导专业的广泛开设的奠基人。在20世纪80年代，随着改革开放的春风吹遍大地神州，人们对于精神文化生活的追求逐渐增加，促使艺术学科的再分类，在这个基础上舞蹈编导专业也正式在普通高校中开始开设，在开设的早期由于缺少经验属于新开创的科学，借鉴和模仿是普通高校发展舞蹈编导专业的主要手段，主要借鉴于苏联和东欧一些国外的学习方法和教学手段，对早期舞蹈编导专业的发展起到了积极促进的作用。

## 三、普通高等院校舞蹈编导专业课程设置的现状

经过半个世纪的发展截止2015全国已有20余所大学开设了舞蹈编导专业，主要有中央民族大学、北京舞蹈学院、山西大学、吉林艺术学院、山东大学威海学院、太原师范学院、云南艺术学院等高等院校，而在这半个世纪的高等院校的教学实践中，它们的舞蹈编导的教学已有所成效，相对于专业性的舞蹈类院校，高等院校的课程设置更注重学生的性格，设置个体性更高、独具匠心的课程，在公选课和文化公共课上设置相对更多的课程；在学生方面，普通高校的学生具有更高的综合素质、综合知识和丰富的个人能力。在舞蹈编导教育者几十年如一日的辛勤的培养和舞蹈编导学者的认真学习下，舞蹈编导专业的学生已经走向了祖国的各行各业，为祖国的文化事业的发展贡献出了自己的一份力量。但是随着新的全国素质教育的规定和要求的下达，现今普通高校的舞蹈编导课程安排暴露出了不适应当今社会的一系列的问题，如教学的形式单一、观念落后、教师的综合素质低于现今的要求、教学的过程过于粗糙、课外的教学数量较少等问题，现今的高校舞蹈编导专业的教学需要一次深层次的改革，这是一次前所未有的巨大考验，同时也是一次告别旧我、迎接新我脱胎换骨的重大发展机遇。

## 四、普通高等院校舞蹈编导专业人才培养目标探析

经过半个世纪的教学实践和发展，国内大部分的高校都有了相当明确的人才培养的目标。主要培养具有高素质的、有创新精神的复合型人才；中国舞、芭蕾舞、现代舞为主要的毕业生从事方向，主要的就业机构为学校、科研机构、各大表演团体和表演机构。

下面简单的列举出山东大学威海学院、吉林艺术学院的舞蹈编导人才培养的目标：

山东大学威海学院：本专业培养的人才在具备基本的舞蹈理论和舞蹈技能的同时有较强的个人综合素质、文化艺术的修养以及较强的舞蹈审美感和创新的能力；毕业后具备能在学校、科研单位、大型表演团体/机构教学和研究中国舞、芭蕾舞、现代舞等专业舞蹈的能力。

吉林艺术学院：本专业培养的人才具备普通高校毕业生的基本知识，熟知马克思主义、毛泽东思想、邓小平理论和"三个代表"的重要思想；有基本的舞蹈行业的道德品质，遵循国家的文艺总方针，能够在艺术院校、科研机构、表演团体中从事舞蹈编导及科研类的

工作。

从上面列举的两个高校的培养人才的目标可以看出，大部分高校能够培养出基本具备舞蹈编导能力的毕业学生，然而在现今经济物质大爆发的前提下已经很难适应当今的社会需求，其培养出的人才专业知识的结构过于简单，知识面过窄，难以适应市场的人需求，亟需改变现今的普通高校舞蹈编导专业的人才培养目标，需主动去适应市场，培养出新型的舞蹈编导的人才。

## 五、普通高等院校舞蹈编导专业课程设置的原则

当今普通高等院校舞蹈编导专业的课程设置必须符合现今社会对于该类人才的需要，以系统和前瞻的眼光去对待和研究，做到市场需要和学校教育的匹配，胸有成竹的进行课程的设置，遵循课程设置的实际原则和理论原则。

### （一）实际原则

舞蹈编导专业的人才培养目标和规则应当是课程设置的基本出发点。人才培养的目标决定着这门学科所培养的人才应具备的能力，也就决定了人才的培养方向和模式，它很大程度上决定着学科的组建与优化，也就决定着课程的分类与内容；而培养目标需要培养规格的实物呈现，需要培养规格的指向作用，科学的制定培养规格是课程设置的基本依据。此外舞蹈编导专业教学计划的课程的安排还要遵循课程的内在规律，根据人体在一天不同时间段的技能不同应该把机体学习课程和思维类课程合理的安排，如上午的时间应该安排舞蹈基本功的课程，在这个时间段学生肢体各方面的情况最好适合舞蹈基本功的训练，而下午的时间更适合理论课舞蹈编导课，下午的时间人的肢体技能差但大脑更适合考虑理论知识，适合舞蹈编导课的开设。同时舞蹈编导的课程开始必须具备前瞻性，因为当今的中国社会处于快速的发展和变化中，舞蹈编导的课程安排一定要顺应发展的趋势，并预见发展的趋势，在课程安排中提前做出相应的安排。

### （二）理论原则

课程安排的基本方向性和针对性要正确，要符合社会主义的教育性质，思想和政治方面不能有偏差。要善于对国内外的优秀教育经验进行借鉴，可以从一切优秀的东西里面提取有益的东西，将其它学校的优秀教育方面借鉴在根据自身的实际情况进行修改，合理的设置课程。做到因材施教，面向总体的同时也要做到照顾差异，对于不同天赋能力的学生应该在课程设置上体现出差异性，做到用相同的课程内容去培养不同基础的学生，却能满足每个学生都能完成学业并充实自我。

## 六、普通高等院校舞蹈编导专业课程建设与改革的设想

### （一）构建普通高等院校舞蹈编导专业课程设置价值分类研究

#### 1. 舞蹈编导专业课程价值分类的指导思想和专业主修课程

学校教育要树立健康第一的指导思想是1999.6的第三次教育工作会当中明确规定的，而根据国家教育部于1998年颁布的《普通干等学校本科专业目录和专业介绍》，规定了舞蹈编导专业所必须修完的课程，其主要包括：舞蹈编导，现代舞技术，舞蹈基本功训练，舞蹈创作实习，舞蹈素材组合训练，现代舞专业基础课程，舞蹈剧目分析，音乐，舞蹈编导理论，现代舞表、导、教系统课程。

#### 2. 舞蹈编导课程的价值分类

根据每门课的性质不同可简单的将舞蹈编导专业课程分为四个部分：基础课程、核心课程、一般课程和实践课程，这四种课程在教学中的侧重也将各有不同，核心课程占比较大，一般课程和基础课程和实践课程占比较小，而四种课程内的各个科目的侧重也不相同。下面介绍四种课程的主要包含科目及其所占权重（括号内为权重值）

基础课程。基础课程是舞蹈编导专业的入门课程，包括：民舞（45%）、艺术概论（5%）、现代舞基调（29%）、身韵（21%）。

当今社会是一个经济、文化等方方面面都快速发展的社会，社会的物质、精神的财富日益膨胀。高校培养出的人才必须具备这个社会所必需的能力才能在社会立足，而高校提供的教育能否让学生具备这样的能力，也是高校所设此专业是否成功的唯一标准。作为舞蹈教学一部分的舞蹈编导专业，在社会快速发展，社会所需人才快速变化的背景下也应避免教学内容和社会需要内容的脱节，加快课程设置的改革和优化，结合市场人才的需求合理的安排教学内容、设置课程，提高学生的实际能力，进而推动整个普通高校舞蹈编导专业的不断完善和进步。

一般课程重点在培养学生的综合能力，主要包括：钢琴与音乐（17）、舞蹈剖析学（16）、舞蹈艺术心理学（10）、太极功法（5）、中外舞蹈史与中外舞蹈赏析（18）、舞蹈基础理论（15）、曲式分析（11）、技术技巧（10）。

实践课程是对课程理论知识的实际训练，包括：创作实习（60）、艺术实践（40）。

### （二）课程方案内容定位

本节通过对当今市场需求的分析，以及以国外优秀的高校的课程安排作为参考，在现有的舞蹈编导专业课程设置现状的基础上，构建我国普通高等院校舞蹈编导专业的课程设计。

经过半个世纪的发展和演变，我国普通高等院校的舞蹈编导专业有了巨大的发展，但各大普通高等院校对于舞蹈编导专业的人才培养目标各不相同，均是根据自身情况而定，

未形成统一的培养目标和规格,在课程设置上仍旧是以前的规格,和当今的社会市场需求有相当的脱节。

本节介绍现今普通高等院校舞蹈编导专业课程设置的相关概念以及现状,进一步对普通高等院校舞蹈编导专业人才培养的目标进行探析,在满足普通高等院校舞蹈编导专业课程设置的原则,对普通高等院校舞蹈编导专业课程的建设与改革的进行合理设想,将课程结构分成了基础课程、核心课程、一般课程和实践课程,并加强了专业技能课的占比,有助于提高学生的专业能力和创新能力,改善我国现今的普通高等院校舞蹈编导专业的现状。

## 第七节 "金课"建设背景下高校课程教学的改革

我国的高等教育从规模扩张全面转向内涵式发展,推进"金课"建设具有其必然性。高校课程教学的改革举措包括加强顶层设计,优化体制机制;注重过程性评价,深化"主导—主体"教学模式;聚焦拔尖创新人才培养,培育课程教学示范点。文章认为高校课程教学的发展趋势主要体现在课程考核内容的转变、跨学科教学活动的普及等方面。

2018年,迎来了中国高等教育跨入内涵式发展的契机:在成都召开的"新时代全国高等本科教育工作会议"上,陈宝生部长围绕高水平本科教育和人才培养质量提出了坚持"以本为本"、推进"四个回归",即"回归常识、回归本分、回归初心、回归梦想"。随后,教育部相继出台了《关于加快建设高水平本科教育全面提高人才培养能力的意见》(教高〔2018〕2号)和《关于狠抓新时代全国高等教育本科教育工作会议精神落实的通知》(教高〔2018〕8号),明确指出:各高校要全面梳理各门课程的教学内容,淘汰"水课"、打造"金课",合理提升学业挑战度、增加课程难度、拓展课程深度,切实提高课程教学质量。在相关文件中,教育部提纲挈领明确了本科教育之于人才培养的核心地位,同时聚焦高校的课程,开展"金课"建设。

### 一、推进"金课"建设的必然性

#### (一)"金课"的内涵

"金课"一词的诞生与课程的含金量紧密关联,实为一种隐喻,如黄金一样具有高价值的课程。教育部高教司司长吴岩指出,"金课"具有"两性一度"标准,即高阶性、创新性和挑战度。根据不同的教学特点,"金课"包含五大类型:线下金课、线上金课、线上线下混合式金课、虚拟仿真金课和社会实践金课。

"金课"的标准明确了它具有高阶性、创新性的重要特征;线上金课、虚拟仿真金课提出了"金课"是一种高级别的智慧型课程,需要技术的大力支撑,这类智慧型课程充分体现了现代信息技术与教育教学深度融合,技术与教育相互赋能;在中国高等教育大力推进一流学科建设、一流专业建设、卓越拔尖人才培养过程中，金课成为重要抓手，也是高等教育改革的新引擎，具有鲜明的时代特征；时代性、高阶性、创新性和智慧性构成了金课的主要特征。

高校的课程教学正处于亟待变革的关键期，课程是高等教育中最微观的，但它之于人才培养却是最根本的。当前高校教师囿于学校的评职压力，"重科研、轻教学"现象普遍存在，坚守"教书育人"的初心正面临最严峻的考验，课程教学质量令人担忧，课程教学之于教师的意义趋向于任务而非责任。

高校课堂上的学生由"90后""00后"组成，这个群体的成长特点也在悄然发生变化。他们所处的互联网时代，信息高度发达，获取资源的便捷性、广泛性在传统教育时代难以想象。传统的单向性讲授、灌输知识这一教学模式已很难吸引这个群体，他们可以通过互联网寻找"生动""有趣"的学习资源，课堂这个传统的教学主阵地的地位正逐渐动摇。教师的任务式教学、学生对课堂兴趣的缺失，造成了"水课"现象普遍存在，无论是新建本科院校、地方本科院校，还是"双一流"建设高校，这个问题或轻或重，呈现的方式不尽相同。

### （二）推进"金课"建设的必然性

基于当前高校课程教学的现状，推进"金课"建设势在必行，这也是中国高等教育从规模扩张全面转向内涵式发展过程中因时制宜的重要举措。"金课"的创新性、智慧性特征可以从根本上革除知识陈旧、教学方法单一等教学弊端，其高阶性特征杜绝了学生不认真学习也能轻松通过考试的现象。教育部打出高校"金课"建设这一重拳，促使学生重获刻苦学习、求真学问的常识，教师回归热爱教学、潜心教书育人的本分，也表明了清除"水课"的坚毅决心。

教育部提出实施一流课程建设"双万计划"，即"金课建设"计划，分别是建设10 000门左右国家级一流课程和10 000门左右省级一流课程。国家级、省级的"金课"数量有限，积极践行"金课"建设的指导思想和理念，则每门课程均有可能打造成"金课"。高校无论是新建的、地方的，还是部属的，校校有"金课"；教师无论是教授还是讲师，人人有"金课"；学生无论是低年级，还是高年级，生生学"金课"，这才是教育部大力推进"金课"建设的根本目标。

## 二、"金课"建设背景下高校课程教学的改革举措

### （一）加强顶层设计，优化体制机制

我国高校普遍存在"重科研、轻教学"现象，课程教学质量普遍下降，本科教学的地位得不到重视。近期，教育部已旗帜鲜明地提出坚持以本为本、推进"四个回归"。各个高校在进行顶层设计时，应遵循教育部的指导思想，改革专业技术职务评聘政策，将教学

水平和科研水平作为同等重要的指标，并且在教师专业技术职务晋升中实施本科教学水平考核一票否决制，同时加大对教学业绩突出的教师奖励力度。

高校在推进教学改革进程中，应积极转变行政管理部门的角色，从手拿指挥棒的"管理者"转变为拥有先进管理理念的"服务者"。从管理学的角度而言，管理是指在特定的时空条件下，通过计划、组织、指挥、协调、控制、反馈等手段，对系统所拥有的各种资源要素进行优化配置，并实现既定系统诉求的信息流、能量流目标的过程。以高校教学行政管理部门为例，作为管理者，基于学校有限的人力、物力、财力资源，如何优化资源配置是其工作的重点之一。譬如当前高校普遍存在实验教学条件不足的情况，这就需要教学管理部门做好统筹规划，有效整合现有实验教学资源，避免重复建设。在有限的资源条件下以"共建共享"的理念构建新工科、新医科等创新实验大平台，实现资源效益最大化，更好地服务全校师生。高校顶层设计者应以人为本、主动了解师生的教学需求，配套相应的政策和条件，优化机制体制，有效拓宽师生的教学成长空间。

## （二）注重过程性评价，深化"主导—主体"教学模式

### 1. 促进教师角色转变

基于"金课"建设理念，高校加强顶层设计，优化相关体制机制，"唯科研"的外部环境发生显著变化。教师被赋予了"源动力"，其教学热情再次被点燃，"教书育人"的初心更为坚定。由于政策的支持和推动，教师积极投入课程教学改革中：教学内容更为丰富，教学手段更加多元化，学生成为最大的受益者，学习兴趣亦被激活，课堂互动氛围好，从而形成良性循环。课程资源也逐步从学校、教师的供给市场向学习者即学生的需求市场转型发展，深化"主导—主体"教学模式是其转型的关键点。所谓"主导—主体"教学模式，即转变传统的"教与学"模式，教师的主要任务不再是"教"，而是对学生的"导"。教师在课堂上运用模拟教学、案例教学、线上与线下相结合等灵活多样的教学方法有效激发学生的学习兴趣，引导其共同探讨专业知识、教学理念等，实现课堂"对话"，有情感和内容的交流；学生不仅和老师有良好的互动，还可以就某些问题提出自己的看法，进行课堂"质疑"；更进一步，学生拥有较强的自主学习能力，知识储备达到一定程度后，老师允许其进行课堂"辩论"，这是优质课堂教学的最高境界。在课程教学质量不断提升过程中，教师的引导作用至关重要，其引导的角色呼应了教学模式中的"主导"关键词。

### 2. 明确学生"主体"地位

在课程教学过程中，教师要明确学生的"主体"地位，即从遵循课程资源向学习者的需求市场积极转变的客观规律。传统的教学模式，"一言堂"现象屡见不鲜：一堂课自始至终只闻教师讲课声，学生"低头族"不在少数，课堂最终演变成教师一个人的"精彩"。长此以往，学生不禁心生困惑：自己在课堂上该"何去何从"。明确学生在教学中的"主体"地位，突出个性化教学，才是正解。课程是学生在接受高等教育过程中最直接受益的

核心元素，了解学生的学习需求，他们心目中的理想课堂应该是与教师有良好的互动，相互探讨甚至辩论，从而真正体会到学习的乐趣，学有所获。学生主体地位的凸显得益于教师创新教学手段，譬如讲台不再是教师的专属阵地，教师鼓励学生走上讲台，学生在课堂上有更多的机会进行自我展示，课堂上的"主角"已悄然由教师转变为学生。

### 3. 注重教学过程性评价

在课程教学改革中，"主导—主体"教学模式的深化与"金课"的建设内涵相契合。教师在课堂上充分发挥主导作用，强化教学过程中的研究创新性活动，启发引导学生争当课堂上的"主角"，突出学生的主体地位。在"主导—主体"教学模式中，过程性评价更利于全面考核教学效果及学生的综合素养能力。

"金课"的主要特征之一是智慧性，线上金课、虚拟仿真金课等要求教师利用信息技术手段多元化呈现教学内容，丰富教学体验。课堂上师生的互动也可通过信息技术高效实现，譬如课堂管理平台课堂派、智慧教学工具雨课堂等已在不少高校推广。教学过程性评价可通过先进的信息技术来实现：学校建设智慧教室，提供强大的软硬件保障；教师借助智慧教学工具有效管理课堂，学生的学习效果得以及时反馈；教学过程中学生的参与率、解决问题的能力、师生互动性等指标，可运用大数据、智能评价工具形成教学过程性评价。

## （三）聚焦拔尖创新人才培养，培育课程教学示范点

在我国高等教育深化内涵式发展过程中，不少高校积极创设荣誉学院，集聚学校优质资源大力培养拔尖创新人才，江苏高校目前已有南京大学匡亚明学院、东南大学吴健雄学院、南京师范大学强化培养学院、常州大学华罗庚学院等较为成熟的荣誉学院。

高校创设的荣誉学院具有实施小班化教学的优势，小班化教学为课程改革创造了极为有利的条件，可以充分发挥学生主体的积极性和创造性，促使他们有更多的机会表达自己的独立见解以及参与实践。在小班化教学中实施教学改革，其重要的目标之一在于培育课程教学示范点，以点带面将先进的教学理念、创新的教学方法、多元的教学手段在全校范围内积极推广。

# 三、高校课程教学的发展趋势

## （一）课程考核内容的改变

"金课"建设推动了高校课程教学的重要变革，从消灭"水课"为根本出发点，致力于打造"含金量高"的高阶性、创新性课程。课程特征的变化对学生的学习也提出了更高的要求，即培养学生综合解决问题的创新思维能力是关键。传统的课堂教知识、期末考知识，重视知识本位、提供标准答案的考核模式并不能全面衡量学生的综合学习能力。试卷答得好，更多的是说明学生的记忆力好，其形式并不能真实考核学生的思维能力。拔尖创新人才的创新意识和创新创造力更是无法考量。对学生学习进行思维能力、创造能力等指

标的过程性考核，相较期末的一纸试卷将更为科学合理。在高等教育推进内涵式发展过程中，未来的课程考核在时间、内容上均会发生根本性变化。

### （二）跨学科教学活动的普及

"金课"五大类型之一的社会实践"金课"，促进了跨学科教学活动的普及。以最具代表性的中国"互联网+"大学生创新创业大赛为例，一年有 265 万人同上这门课，产生 64 万个项目，被喻为中国最大的有激情的创新创业课。学生在参与这类社会实践"金课"中，丰富地体验了跨学科、跨领域、跨文化、跨区域的创新活动，突破了传统教学单一专业知识面的局限性。学生参与社会实践"金课"越多，思维就越开阔，收获的跨学科知识也成为复合型人才的必备条件之一。

我国的高等教育从规模扩张转向内涵式深化发展，课程资源从"数量"向"质量"转型，"金课"建设方兴未艾。习近平总书记曾提出评价学校的好与坏，其根本标准是立德树人的成效，而课程正是落实"立德树人"这一根本任务的重要载体。在课程思政中解决"培养什么人、怎样培养人、为谁培养人"这一根本问题，在大力推进高校课程教学改革中，致力于人才培养，以培养德智体美劳全面发展的社会主义建设者和接班人为目标，最终实现教育报国、教育强国梦。

# 第六章 高校课程评估研究

## 第一节 高校课程评估指标体系的研究与构建

课程评估是教育评估的重要组成部分，是教学过程中发现问题、反馈问题，解决问题的推动力，对提升高等教育教学质量至关重要。文章总结了现阶段国内高等教育课程评估中常用的几种模式，评估指标构建原则，指标权重确定策略以及具体的课程评估方法。并在此基础上提出了我国高校课程评估今后的研究和发展方向为：更新课程评估理念；引入多维主体参与课程评估；构建定性与定量指标结合的既有统一性又具有学科专业特色的评估指标体系。

教育评估在层次上可划分为学校评估、专业评估和课程评估。目前我国的高等教育评估工作重点正从对学校办学水平的评估转向对具体专业的教学评估上。专业是不同课程的有机组合，课程的质量决定了专业的质量。因此，专业评估的核心就是课程评估。课程评估的主要作用是发现教学过程中的问题，激励教师有针对性地开展教学改革，改进教学方法，从而进一步提高教学质量。目前我国的课程评估在理论上缺乏完善的体系，评价标准上层次性、针对性不强，在评估方法上过于简单化。这造成了我们的课程评估结果不能全面、真实地反应教学过程中的问题，不能帮助教师及教学管理者获得准确的教学反馈信息，不能有效地体现教师在教学工作上的投入。严重的则使得课程评估成为摆设，挫伤了教师参与教学研究与教学改革的积极性。因此，建立健全能准确反映教学实际、公平公正、具有可操作性的课程评估体系是提升我国高等教育质量的重要举措。本节就目前我国高等教育课程评估上的研究情况进行综述，希望对课程评估研究工作的进一步深化与具体实践起到指导作用。

### 一、课程评估模式

课程评估模式是课程评估具体实施的过程，是评估者对课程进行评估时所持有的价值取向。课程评估模式种类很多，较为流行的包括：Tyler 的目标达成模式、Stufflebeam 的 CIPP 评价模式，Scriven 的目标游离模式，Staked 的外观评价模式等。

目标达成模式是以预定的教学目标为标准，按一定的程序和方法测定学生是否达到标准所规定的水平。以目标作为评价的标准存在两方面的问题：一是将预定的目标作为评价的标准，使得标准带有目标制定者的主观性；二是片面强调终结性评价，而忽略了过程性评价。教学实际上是一个动态的过程，要实现课程评估的"反馈"机制就必须用动态的眼光看待教学过程。在重视终极性评价的同时，也要重视形成性的评价。

CIPP 评价模式的创立者 Stufflebeam 认为评价是一种为决策提供信息的过程，作为一种工具，其最为重要的作用不是为了"证明"是否达到某种预先制定的标准，而是为了"改进"，从而不断接近理想化的目标。CIPP 评价模式中将评价环节划分为 7 个部分：背景（context）、输入（input）、过程（process）、成果（product）、影响力（impact）、有效性（effectiveness）、可持续性（sustainability）、可推广性（transportability）。这 7 个部分相对独立，实际操作中可以根据需要进行选取。其与目标达成模式相比具有以决策为导向，重视评价反馈功能，包含诊断性评价、形成性评价和终结性评价的优点。目前 CIPP 评价模式在高校课程评估中正逐渐受到重视，并在教学实践中得到应用。

目标游离模式认为课程计划预期的结果之外还有可能会产生一些非预期的结果。以预定目标作为评价标准就会产生片面性。因此，建议将教育目标与教育评价分离，并关注非预期教育目标的影响。该评价模式更加关注学生自由的发展和教师宽松的教学氛围，更注重课程实施的效果。这与我们提倡的"素质教育"、"因材施教"的理念不谋而合。但是目标游离模式由于缺乏具体的评价程序和步骤，在教学评价实践中的应用较少，目前尚停留在探索性、概念性阶段。

外观评价模式是将评价分为先在、过程和结果三个环节。先在指的是与评价结果相关的，在教学开始前已经存在的各种条件，包括教学条件和学生已经具备的能力与经验等；过程是指教学中的活动，包括教师、学生、教学材料之间的互动过程；结果是指按照教学计划实施的教学活动的效果。三者贯穿整个教学活动，是教学全过程的反映。外观评价模式在三个环节之间建立两个矩阵，并用描述和判断来对预期和实际成效来进行评判。该模式体现了价值取向上的多元性。

## 二、指标体系的构建

课程评估体系要达到促进课程建设和提升教学质量的效果，评估指标构建是重要的环节。但是指标构建是个复杂的系统工程，需要考虑的因素很多。彭济根提出，指标体系的确立应考虑以下六个方面的内容：时代特征；教学改革要求；学校层次和类别的差异；教师"良心"的投入；受益对象的满意度；管理制度的科学性。杨永华在对 17 所高校课程评估指标的分析基础上提出了课程评估指标体系制定的三条原则：发展性原则、多元化原则和全面性原则。为了让课程评估摆脱以证明和奖罚为目的的旧式思维，真正成为教学诊断和改进的助推器，陆长平探讨了构架探究式教学课程评价指标体系应遵循的原则，并将指标划分为学生课堂表现评价指标、学生作品评价指标、教师课堂表现评价指标。王秀华根据研究性教学的特点，构建了基于过程性评价的研究性教学课程评估指标体系。勾学荣将学习对象评估工具（Learning Object Review Instrument，LORI）与我国国家级网络教育精品课程的评审指标体系进行了比较研究，结果显示我国网络教育精品课程的评审指标制约了不同教学风格的形成和发展；LORI 对指标粗颗粒度的评分机制更具可操作性。

评估指标体系通常由多级指标组成，每个指标根据其重要性不同，其分值权重也有差异。为顾及指标体系的完备性，评估指标之间不可避免地存在交互作用。利用加权平均来对指标进行区分并不能反映这些指标之间的交互关系。杨谋存针对这个问题，提出了基于 λ 模糊测度和 R-WGA 算子，考虑指标间交互作用的课程教学质量评价方法。李昕采用了模糊统计方法确定评估指标的权重。通过对指标体系中的多级指标给出的权重区间，再将各级指标的权重区间左右端点进行排序后构建隶属频率区间，之后利用各级指标隶属频率区间中间值和频数计算出各指标权重值。冯丽霞则应用层次分析法（Analytic Hierarchy Process，AHP）来确定指标权重值，该方法是在指标的递阶层次结构中，通过对相关指标间重要性的比较，构建出判断矩阵，进而计算出相对应于某一准则的若干指标的相对权重，最后得到各指标对于总目标的合成权重。李莉莉在网络课程评估中引入模糊层次分析法（Fuzzy AHP，FAHP），该方法利用三角模糊数比较大小求出元素排序的方法，对课程评估指标进行两两比较，构造出模糊判断矩阵用于确定指标权重。鉴于层次分析和模糊评价在确定指标权重时受人为干扰严重，赵桂兰利用信息熵原理来确定指标权重。该方法充分挖掘定量数据的信息，一定程度上克服了权重确定时人为因素的干扰。刘晓东采用多元统计分析中的结构方程模型（Structural Equation Modeling，SEM）来对指标的权重进行配置。结构方程模型中，变量与变量之间的连接关系是以结构参数来表示的。依据指标体系构建结构方程模型后，以量化数据得到相应结构参数，该参数是指标权重配置的重要依据。

## 三、课程评估方法

目前对于课程评估还未形成较为系统的评估方法，按照评价指标，通过专家打分再求平均值的做法还为大多数高校所使用。但是，平均数易受极端值和数据分布状况的影响。因此，有必要建立科学合理，具有可操作性的课程评估方法。

### （一）优异指数评价

优异指数（Excellence Index，EI）是为了研究群体成绩的相对水平而提出的概念。董礼用优异指数来评价某个群体的课程在整体课程中处于什么样的地位。评价中常采用减法优异指数。其具体做法是，将特定群体课程评估排名在前 10% 的课程数与后 10% 的课程数做差值后再与群体课程数相比。EIgt; 0，表示该群体课程相对于整体课程而言表现优秀；EIlt; 0，说明该群体课程在整体课程中表现相对较差，EI=0 时，说明群体课程的表现在整体课程中处于平均水平。该方法采用的是相对评价的思路，能够在所有课程中对某一类课程做出相对的评判。

## （二）灰色关联分析法

由于课程系统是一个具有多目标、多因素的复杂系统，特别是系统中各组成元素的作用机理不明确，因此利用统计数据来描述和评价课程体系的特征和关系存在缺陷。课程评估体系这种关系不确定性、信息贫乏性决定了该体系适用于灰色系统进行描述。王庆东将灰色系统理论应用于精品课程的评估中，建立了课程评估的灰色聚类数学模型。赵春娜在综合灰色系统理论、理想解法和欧式距离的基础上，提出了一种基于理想灰色关联距离度的课程评估方法。该方法可以更加显著地区分评估结果较为一致的课程之间的差异性，从而增强课程评估的区分度。

## （三）模糊综合评价法

为解决评估中难以消除的模糊性和主观性，在课程评估中引入模糊综合评判模型是一种效果较为理想的评估方法。该方法借助模糊数学合成运算的原理，对受到多个模糊因素制约的事物进行总体评价。模糊合成运算的数学模型根据合成算子的不同可以分为4种类型，其中模糊加权平均型的综合评判模型综合考虑所有因素的影响，运算结果具有综合评判的效果，适合在教学评估中应用。由于模糊评价所涉及的计算过程相对比较烦琐和复杂，通常需调用计算机程序来实现。

## （四）故障树分析法

故障树分析法是安全系统工程中最重要的分析方法。该方法在课程评估中的应用是将教学过程中最不希望发生的结果作为分析目标，倒推直接导致这一目标发生的全部因素，再查找出该因素下一级的全面次级因素，一直追查到原始的因素为止。其适合于对课程进行诊断性的评价，但是引起课程教学问题的问题是多元性的，既有直接影响又有间接影响。有些看似不重要的小问题最后可能导致较为严重的大问题。在实际操作上需要评价者要有较深厚的教学理论储备和丰富的教学经验积累，才能找准教学过程中的问题所在。

## （五）其它课程评价方法

近年来，不少教育工作者尝试将不同的方法应用到课程评估中，并取得一定成果。李国辉在"教学做一体"课程评价中提出了基于BP神经网络的多指标综合评价模型。常小芳在对比了教育与培训关系的基础上，探讨了将企业培训评估界中成熟的柯氏评估模型（Kirkpatrick Model）引入到课程评估中的可行性。冯晓洁以云模型为基础提出了一种基于云重心评判的课程评估方法，该法可给出有效的综合评价结果，具有较高的可信度。

## 四、课程评估的发展方向

### （一）更新课程评估理念

整体而言，我国课程评估理念落后于国际上流行的质量保障和质量发展的教学质量管理理念。课程评估的重点是放在对评估结果的判定上，还是对教学过程的监控和诊断上？评估主要针对的是教学管理过程还是教学过程？教育管理的主要任务是规范教学行为还是保障和提高教学服务质量？这些都是在课程评估实施中应该明确的问题。目前我国课程评估主要还是以终结性的评价模式为主，过度专注于评价的结果，对教育过程中产生的非目标性结果重视不够。如何在课程评价中实现终结性与过程性、诊断性的统一，目前只是停留在理论阶段，在实际操作中如何实施，这方面的实证性研究还很有限。

### （二）引入多维主体参与课程评估

我国现行课程评估的主体较单一。学生是最重要的评估评价主体，在评估体系中所占比重较大，对评价结果的影响显著。课程的评估要以学生为"本"，绝非一定要以学生为"主"。有学者已经指出，学生对教学的评价具有异化的倾向。因此为了保证课程评估的客观性和公正性，一方面要提高学生教学评估的有效性，另一方面，要适当扩展评估主体。可以考虑在学生这个主体外，邀请同行、校内外专家、行业从业者等不同利益主体共同参与评估。课程评估的结果采用各主体评估的综合。这种多维课程评估体系可以有效避免单一评估主体的局限性，使得评估更加客观公正。课程评估实践中如何确定各评估主体的比例，各评估主体对课程评估有效性的影响还需要进一步研究。

### （三）构建定性与定量指标结合的评估指标体系

课程评估所考虑的方面较广，涉及的指标数量较多，有些指标是定性指标，例如课程特色、教学条件、教学方法等。这些定性指标在课程评价上有重要作用，如果为了便于评价的实施，大量地引入定量指标而忽略甚至是摒弃不便于分析的定性指标，会造成评价结果与真实状况的偏离，甚至会得到错误的判断。因此，课程评价中定性指标与定量指标共存是常态。如何构建囊括定性指标和定量指标的综合评估方法，排除主观偏差，制定科学、客观的评估标准是在课程评估实践中亟待解决的问题。

### （四）突出课程评估指标体系的学科专业特色

由于不同学科特点各异，在教学内容、教学方式上存在显著的不同，如果采用同一套课程评估指标，显然不能反应课程的真实教学情况。另外，具体的课程在专业课程体系中的作用和地位是不相同的。只有充分理解具体的课程在整个专业课程体系中的作用和地位才能有针对性地开展课程评估工作。

# 第二节 地方高校课程建设质量评价刍议

高校课程教学质量的提高依托课程建设，课程建设质量的提高需要科学合理的课程评价监督调控。本节从协调发展观、人文关怀、多元立体三方面探讨课程建设质量评价的理念，并针对教学理念、教学评价和课程特色探讨课程建设质量评价标准构建应注意的问题。

近日，教育部印发《关于狠抓新时代全国高等学校本科教育工作会议精神落实的通知》，对振兴本科教育做出明确规定，要求各高校把课堂教学建设强起来、把课堂教学质量提起来，切实提高课程教学质量。当前我国高等教育的质量还不高，还不能满足我国现代化建设的需求，需要采取有力的措施促进教学质量的提高。课程是学校教育的基础，课程建设的水平直接关系到教育教学质量及人才培养的水平。科学合理的课程建设质量评价，既是课程建设的助推器，又是保障和促进课程教学质量提高的重要手段和依据，更是学校教学工作中一项具有深远战略意义的基本建设。

## 一、地方高校课程建设质量评价的理念

积极开展课程建设质量评价工作，是高校强化教学的重要手段，也是规范化教学管理的平台。地方院校需要在关照国情和校情的基础上，在合理的评价理念指导下科学构建课程建设评价标准。

### （一）贯彻协调发展观

"协调发展"是习近平总书记在十八届五中全会提出的五大发展理念之一，指出："协调是发展手段又是发展目标，同时还是评价发展的标准和尺度。"课程评价是指以一定的方法、途径对课程的计划、活动及结果等有关问题的价值或特点做出判断的过程。需要在评价的全过程中树立和贯彻协调发展观的理念，在实事求是的基础上切合实际符合客观规律地评价。

首先，关注课程建设的整体性。课程是每个学校实现培养目标的基础，课程建设是学校的基本建设，课程建设的发展方向和内容应该与学校的人才培养目标相协调。因此，学校课程建设评价中必须考虑到各类型课程的诸多方面，如教学内容、教师队伍、教学条件等是否为人才培养目标服务，力求兼顾多方全面考察。如，很多地方高校的办学层次定位于教学型本科院校，致力于应用型人才的培养，课程建设需要与培养目标相衔接，尤其应鼓励和支持能够充分实现培养目标等类型课程的申报和审批，重点关注该类课程的评价。

其次，关注课程建设的科学性。一为学校要有专门的研究人员和组织机构对课程评价活动进行系统组织，课程评价活动才能统筹进行。例如，课程建设资料收集、上级行政和主管部门职责、评价专家的遴选聘任等。二为课程评价注重实效性，既要考虑到社会大环

境对学校的影响，又要具体分析学校的实际情况，根据学校实际情况制定适宜的评价标准。三为注重评价的连续性，在课程建设周期内据课程计划定期组织，使课程建设质量呈现螺旋式上升特点并逐步提高。唯有如此才能真正使评价工作反映课程建设的真实情况，否则课程建设质量评价就有可能流于形式，偏离预期评价目的。

### （二）体现人文关怀

课程建设质量评价的目标在于促进课程的可持续性发展，尤其是地方高校自身的软件条件和硬件条件的制约，需要把握课程建设质量评价的本质，既要坚持评价标准，又要充满人文关怀，创造良好的评价心理环境，最终真正实现"以评促建"。

人文关怀，一般认为发端于西方的人文主义传统，其核心在于肯定人性和人的价值，要求人的个性解放和自由平等，尊重人的理性思考，关怀人的精神生活等。在课程建设质量评价视野中，人文关怀指尊重课程建设者的主体地位和各类课程的差异，调动课程建设者的主动性和积极性，促进课程建设团队的良性发展。主要表现为：第一，尊重与信任。主要指评价主体间应构建和谐的评价关系，尤其是课程评价专家应尊重课程建设团队的努力和付出，信任其课程建设成果。第二，激励与支持。评价全过程应充满对课程建设的鼓励和支持，而非甄别和选拔。课程建设本身就是一个自然进阶发展的过程，存在问题和不足是必然的，在评价中应综合考虑各种因素善意提出课程建设中存在的问题，帮助课程建设者明确建设思路和改进措施。

### （三）多元立体共评价

课程建设质量评价是一个开放的系统，需要实施多元立体评价，才能有助于实现评价的客观性，主要包括评价主体的多元和评价方式的多元。首先，评价主体应多元化。课程评价不能只局限于课程专家一方，教师和学生作为亲自参与者，对课程的认识和感受最真切，应适度扩大课程建设者和学生的评价权，广泛倾听他们对课程建设的意见和建议。其次，评价方式应多元化。为了促进课程建设的有效发展，应拓展评价方式，实现课程自评、师生测评、专家评价及量化和质性评价方式的整合运用，尤其应关注课程建设的过程性评价，专家督导、同行教师等应定期深入课堂，实时观测课程课堂教学情况，这样做有利于汲取各方信息，综合评价课程建设情况，肯定特色，发现问题，促进课程建设加快步伐。

## 二、地方高校课程建设评价标准构建应关注的方面

标准是衡量事物的准则，课程建设标准是衡量、监测、评估课程建设水平的手段和工具，一定意义上课程建设标准和评价标准具有一致性。目前，国家课程建设标准是面向全国高校全部学科而制定的，只能在宏观的视角上对教学理念、教学目标、教学方法和手段、教学效果、教学条件等提出衡量标准。因此，地方高校应在坚持国家课程建设标准的基础上，体现课程评价理念的导向下，构建能够体现学校实际和学校特色的课程建设评价标准。

### (一)教学理念应体现"以生为本"

"以生为本",即在教育教学的各个环节贯彻"一切为了学生发展"的理念,课程建设评价指标之一教学理念应充分体现该理念,"课程评价的导向性作用非常明显,借助科学合理的课程评价指标,在一定程度上可以引导和推动教师转变教学观念、教学方法和手段,提高教学质量"。

首先,关注学生主体与教师主导的结合。教学是教师的教和学生的学双边互动的活动,传统意义上的教学以单向式灌输为主,忽略了大学生的学习特点。当前地方高校由于现实条件的制约,一定意义上传统教学模式还是占有一席之地,需要真正重视和落实学生在学习中的主体地位,激发学生学习的主动性,同时要发挥教师的主导地位,在教师有效指导下提高学生的学习质量。例如,我校课程评估体系构建中在教学理念指标处明确指出:"应充分体现以学生为本的教育理念,重视探究性学习、协作学习"等。其次,学生学习过程和学习能力的关注。当前我国大学生学习整体状况需要提升,尤其是地方高校大学生的学习态度和学习水平亟待提升,因此课程建设和评价应充分考虑到学生个体发展的可能性,还应充分考虑时代发展对大学生素质要求的前瞻性,突出关注学生能否在课程学习中参与学习过程并获得学习方法,切实提高学习能力。第三,关注学生理论学习和实践提升的结合。地方高校的培养目标以应用型人才为主,课程评价标准应关注学生获得相应课程基础理论的同时,关注学生应用理论知识于实践的解决问题能力的培养。

### (二)教学评价应关照过程性表现

课程建设是一项系统工程,意味着与课程教学相关的一系列项目改革,因此课程评价标准应凸显教学系列改革内容。这其中比较重要的是教学评价的改革,尤其是学生学业成绩的评价。教学评价的改革不是单一方面的改革,往往是全方位的改革,涉及教学理念、教学内容、教学方法、教学手段和考试方法的系统改革。近期教育部关于加快振兴本科教育的相关精神中特别强调"要加强学习过程管理",尤其指出"要切实加强学习过程考核,加大过程考核成绩在课程中成绩中的比重"。学生学业成绩的考核是教学过程的一个重要环节,它所特有的评定、检测、诊断、反馈和激励功能是其他环节所不能替代的。

例如,我校自2015年推行学生学业成绩考核过程性评价改革,优秀课程和重点课程在建设期内实施过程性评价,加强学习过程中学生课堂表现、小组合作、学习能力等方面的评价,最终实现过程性评价和终结性评价相结合。在课程评价指标体系中加大考试改革的权重,如在A类标准中明确要求"能积极进行考核方法改革,根据课程性质和学生特点采取恰当的考核方式;考核注重学生学习中的过程性表现,加强对学生运用知识分析问题、解决问题能力的考察等"。经过课程建设实践,考试方法的改革的确一定意义上能调动学生学习的主体性。

总之,地方高校在构建课程建设评价标准时应重点关注教学评价的正确定位,紧跟时代背景和教育潮流,重视考核方式的创新,结合课程特点增强教学评价的时效性。

### (三)课程特色评价落实到位

特色是事物表现出来的独特性,是事物存在的依据和标志。课程建设因所属学校、课程类型、教师队伍、学生水平等的不同应具有特色。课程"特色"指在长期教学实践和课程建设中积淀而成的独特的、优质的风格。课程特色是促进课程建设朝向纵深发展的必备条件,因此需要在课程建设质量评价中关注课程特色。

首先,关照课程特色项目的根本目的不在于刻意追求标新立异,而在于实现办学和人才培养的目标,产生优质的教学效果。其次,课程特色可以百花齐放,但需重点突破。一般来说,课程评价指标主要包括教学队伍、教学内容、教学条件、教学方法与手段、教学组织、教学效果等组成要素,课程特色可以有多种表现,如,课程难度和深度适宜、教学方法灵活多样、实践教学环节突出、教学资源丰富、教学效果显著等多个方面。地方高校课程评价标准制定中应重视课程特色多层次、多样化的表现。尤其是对于师资力量相对较弱的教学型院校,以及自身具有专业特色的大学,应侧重于观测人才培养目标是否紧贴专业特色,是否强化实践教学等,这些在课程建设标准描述中都应有一定的体现。

以上笔者从评价理念和评价标准两方面对地方高校课程建设质量评价进行了探讨,以期望把握课程建设质量评价的关键要素,为制定科学的课程评价体系提供一定的指导。总之,课程建设是一项涉及教育思想、教学、学生、教材、教学方法、教学管理等的系统工程,是学校整体发展中的一项基本建设,课程建设质量评价亦是一项复杂的系统工程,笔者仅从个别要素出发作了探讨,很多问题还需要继续思考和探索。

## 第三节 我国高校课程建设质量评估标准

课程在高校的人才培养过程中起着至关重要的作用,课程建设是人才培养的重要内容。课程建设质量直接关系到人才培养的效果。在加强和推进我国一流本科质量建设过程中,要加强对课程建设质量评价体系建设。必须转变质量评价观念和评价方式,明晰质量评价标准和构建完善质量评价体系,从而不断深化教育教学改革。

2018年9月10日,习近平出席全国教育大会并发表重要讲话。为贯彻落实习近平总书记关于教育的重要论述和全国教育大会精神,2019年10月30日,教育部发布了《关于一流本科课程建设的实施意见》(教高〔2019〕8号),其中指出必须要把教学改革成果落实到课程建设上,课程建设的质量高低又直接决定人才培养质量。

### 一、我国高校课程建设的特点

课程是人才培养体系的核心,课程建设体现了以下几个方面的特点:

## （一）课程建设呈现"精品化"趋势

2003年开始，我国逐步推行精品课程建设，国家精品课程分批建设。2011年10月12日，教育部出台了《关于国家精品开放课程建设的实施意见》，对精品课程的建设内容和运行机制进行了明确。

## （二）注重现代教育技术的运用

20世纪八十年代，现代教育技术在我国教育领域开始发展，最初被称为"电教化"，这是从传统的板书教学方式向信息化的一个进步，但也只能属于教育信息技术发展的初级阶段。如今，随着互联网的普及和现代信息技术的快速发展，大数据、云计算和人工智能在高校的课程建设中得到了广泛运用。

## （三）注重理论与实践的紧密结合

2012年1月10日，教育部等部门联合发布了《关于进一步加强高校实践育人工作的若干意见》，其中强调要"深化实践教学方法改革。指出实践教学方法改革是推动实践教学改革和人才培养模式改革的关键。各高校要把加强实践教学方法改革作为专业建设的重要内容，重点推行基于问题、基于项目、基于案例的教学方法和学习方法，加强综合性实践科目设计和应用。"把理论教学与实践教学紧密结合起来，有利于加强学生运用知识解决实际问题的能力，也是加强和推进课程体系建设的重要抓手。

# 二、我国高校课程建设质量评价体系存在的问题

当前，我国高校课程体系质量建设存在以下几个方面的不足：

## （一）课程建设及教学理念不能满足学生多元化学习和成长的需要

课程教学的设计理念要改变以教学为主、注重知识的单向灌输，而忽视学习主体在教学中的参与性。在教学中，应当充分调动和发挥学生学习的主观能动性、积极性和创造性。

## （二）课程体系的特色凸显不足

一些高校在课程体系的建设上追求大而全，看似体系完整，但在满足行业和地方经济社会发展需要等方面的特色还不够明显。高校应当在课程体系的设置上，把学科特色和人才培养特色的要素进行充分体现。

## （三）课程建设缺乏多元化的质量评价方式

大多数高校对学生采用的是以期末考试的方式进行考核，注重以考试成绩来衡量学生的学习效果。以学评教来衡量教师的教学效果。课程建设的质量评价方式较为单一，需要建立全方位和多维度的质量评价体系。

## 三、课程建设质量评价标准体系的构建与完善

高校课程建设是一个复杂的系统工程，课程建设质量的评估标准应当根据教育部提出的"坚持分类建设、坚持扶强扶特、提升高阶性、突出创新性、增加挑战度"的课程建设原则，构建科学可行的质量评价标准。

### （一）体现课程建设的"特色化"

各高校应当根据学校的特色和优势学科，结合当地社会经济建设和行业发展需要，走差异化和特色化的发展路线。避免"一窝蜂"的协同质化程度较高的专业。高校要集中资源大力发展优势学科，打造具有特色的课程体系。因此，在高校课程体系建设质量评价标准中，应当把"特色化"作为衡量标准。

### （二）突出课程建设的"创新化"

课程建设的创新主要体现在课程内容的设置上。教育部要求各高校要进一步优化重构教学内容与课程体系，破除课程千校一面的局面。课程内容是人才培养过程中非常重要的要素，高校的课程内容应当根据行业发展的最新动态进行适时调整和更新。尤其是针对通信、计算机等信息技术为特色的院校，需要紧跟前沿的信息技术发展趋势对教学内容进行适度调整，并根据高校的特点进行不断创新，满足具有"创新型、复合型、应用型"人才培养的需要。

### （三）突出课程建设的"严格化"

2019年10月31日，教育部出台了《关于一流本科课程建设的实施意见》，其中提出要让"课程优起来、教师强起来、学生忙起来、管理严起来、效果实起来"的总体要求，能力建设适应新时代要求的一流本科课程。同时，对课程建设提出了明确的要求，高校要淘汰"水课"打造"金课"，取消"清考"制度。因此，高校的课程建设质量的评价标准必须坚持"严"字当头。只有这样，才能真正提高课程建设的质量。

### （四）突出课程建设考核的"多元化"

高校课程建设的考核内容、考核方式和结果的运用应该坚持"多元化"的标准。坚持把教与学进行统筹考核，避免单一考核带来的片面性和局限性；坚持把过程和结果、局部和整体、显性和隐相结合。改变传统单一的考核方式，扩大考核主体参与面和参与度。另外，要把与课程建设相关的各项指标都纳入考核标准体系。同时，把课程质量建设的结果与教与学两个主体进行适度的关联，形成一个有机的考核体系。

总之，高校课程建设质量评价标准体系要根据高校的不同特点，凸显其专业特色和优势，紧紧围绕社会经济发展和提高人才培养的要求，通过构建和完善科学合理的课程质量评价标准，不断完善高校的课程体系建设。

## 第四节　高校艺术素养类的通识选修课程建设

艺术类通识选修课是高校选修课的重要组成部分，对提升学生综合素质、促进学生全面发展发挥着重要的作用。文章从课程设置、建设开发、教学方法、考核评估等方面提出对策，以不断深入教育教学改革。

教育大家蔡元培先生在《对于新教育之意见》中提出五育并举，并概括为德、智、体、美四育和谐发展为中心的健全人格教育思想，将其作为教育方针。自改革开放以来，教育事业快速发展，然而在很长的一段时期内，分数第一、智育为上的倾向明显，忽视美育教育。当然，德、智、体、美的全面发展不是各科知识的简单叠加，而是相互渗透和相互交织。国家教育部于2002年颁布了《学校艺术教育规程》和全国学校艺术教育的十年发展规划；于2014年1月出台了《关于推进学校艺术教育发展的若干意见》，这是在学校全面开展艺术教育工作的过程中进一步推进艺术教育发展的指导性意见。同年7月，江苏省教育厅出台《关于加快推进学校艺术教育发展的若干意见》，结合建设教育强省、率先实现教育现代化的目标提出建设性意见。因此，高校通识教育是大学素质教育、提高大学生艺术素养的重要途径之一，这方面的课程大多是通识教育选修课。

### 一、艺术素养培育和通识选修课的关系

#### （一）通识选修课是提高大学生艺术素养的重要途径之一

国家、地区经济建设离不开文化和科技的发展，更需要人文艺术素养高的复合型创新人才。地方高校服务于社会经济的发展，在履行好"人才培养、科学研究、社会服务、文化传承"职能的过程中，要积极拓展培养方式、职能交融渗透，培养多学科背景下契合地方区域经济发展需求的复合型创新人才。在日益重视的艺术教育发展过程中，高校艺术教育已逐步建立起独立的体系。从开设艺术类课程和选修课程、纳入教学计划、计入学分到校园文化艺术氛围的营造，从零散的艺术教育开展到系统的艺术教育管理，高校的艺术教育类通识选修课程正一步步走向成熟。

#### （二）通识选修课应以拓展大学生人文、艺术素质为主要目的

当代大学生经过小学、中学的艺术教育普及有了一定的艺术素养基础，进入高校后的艺术教育课程更丰富。但是对于在通识教育过程中，如何结合专业提高学生的人文和艺术素养，培养有创新能力、全面发展的人才之路有待进一步实践。明确了培养目标，在艺术教育过程中，学生多学科的知识学习让自身的知识储备得以不断积累，接触不同专业的知识点让学生眼界更开阔，为今后知识的综合运用奠定了良好的基础。在现实教育过程中，

常常碰到理工科的学生对自己专业如机械类、工程类的产品有很好的构造理念，也有进行外观设计的想法，但是两者无法有效融入，设计的作业、产品等在外观造型、整体设计上显得比较呆板，即使有一些艺术设计想法也不知道在作品中如何表达。通过通识选修课的学习，不断扩充知识储备量，学会艺科融合、交融运用，在实践过程中增强知识综合运用的能力。

### （三）通识选修课应注重文化精神的传承加强大学生艺术素养的培育

通识选修课面向全校学生开设，跨学科、跨专业的学习更应注重通识课程的文化精神传承，其中艺术素养类的选修课程目的是培养他们的人文精神，提升人文素养。课程常常涉及专业学科中的艺术文化、生活中的艺术美感，如文化艺术、语言艺术、设计艺术、韵律艺术等，与日常息息相关，无形中既能提升审美情趣、产生共鸣，又能激发创新创造力。艺术是人类文化的积淀和智慧的结晶，通过艺术教育加强精神文化的传承，使学生接受艺术熏陶、实现自身美化、完善人格塑造，有效地提高非艺术专业大学生的艺术素养。

## 二、艺术类通识选修课程建设过程中的问题

某些高校相继开设了艺术类专业，对艺术类专业学生的艺术教育较为完善，其他专业学生的艺术教育还是浅层次的，学生未全面深入地参与，艺术教育的全面普及、深入实践度不高。如何让艺术院系发挥作用，为全校学生开展艺术普及教育、提高艺科融合能力还要下功夫。本身艺术专业师资紧缺，学生对待选修课的重视程度不够，在开设的艺术选修课中多以课堂灌输方式为主，缺乏与实践融合的过程，因此在艺术类通识选修课程建设过程中仍存在一些问题。

### （一）艺术培育类课程开设大多因教师设定

高校中通识选修课程的开设和建设日益受到重视，但其中的艺术类选修课仍然比较薄弱。通识选修课的开设，大多是愿意承担选修课的教师根据自己的专业特长和兴趣爱好进行申报、学校专家评审后进入课程库开设的，基本没有配套的教材，也较难向学生提供有效的教参辅导。由于学校有艺术专业背景的师资只占小部分，而且愿意承担选修课的师资有限，再加上他们自行选择方向申报课程，因此艺术类选修课往往是因教师设课、拼凑成课程群，造成内在逻辑结构性不太合理，难以形成系统。

### （二）艺术选修课教学方法单一

从目前选修课的教学方式看，大多数教师采用的是纯理论教学，很少有实践性教学环节，某些高校通识选修课开设在晚上、实验（实践）场地受限，大班上课人数较多，总课时数较少，这些外在因素导致很难组织好实践教学，对教学内容很难与学生进行深入的探讨和互动，因此教师很少主动加入实践教学。事实上，不仅是自然科学类选修课，人文社

会科学类的课程尤其是艺术类的选修课，通过实践教学更能激发学生的学习兴趣、对艺术专业的热爱，更有利于学生消化吸收知识，使学生有更多直观感性的认识和实践的体会。

### （三）学生注重选课学分忽视课程内容

在传统观念的影响下，大学生往往较重视专业课和必修课，投入较多的时间和精力，对于选修课尤其是与自己专业关联不大的艺术类选修课，某些学生只是抱着凑学分、容易学的心态听完课、考及格、完成学分任务，在选课前会了解能取得多少学分、打听老师上课要求的宽严程度等外在情况，至于课程内容如何、对自身有何提升似乎并不关心，学习热情不高。调查发现，选修课大多是在晚上，某些学生在上完一天课后还要忙于赶作业，往往是带着作业在选修课堂上做，老师的讲课内容几乎不听。

### （四）成绩评定、考核方式单一

通识选修课基本采用考查方式进行考核，很少有闭卷考试。选修课的考核以对学生的终结考核为主，过程性考核较少，过程性考核多参考出勤情况，即使参考平时的作业、讨论等环节，所占比重也较小。终结性考核多是考查方式，以开卷考试、调研报告、小论文等方式进行，考核通过难度大大低于必修课。且即使考核不通过就拿不到学分，没有补考、重修等环节，这削弱了学生对选修课的重视程度。

## 三、艺术类通识选修课程建设的对策

### （一）课程设置增强系统性和多元化

建设好通识选修课，学校层面、教师层面、学生层面在思想上都应重视，认识到通识选修课和人文艺术素养的重要关系，加强艺术类课程群建设。如2016年常州工学院通过面向全校公开招标的方式建设一批高质量的通识选修课程，招标类课程分国学、文学、哲学、逻辑学、音乐、美术、自然科学、创新创业教育等八大类通识选修核心课程，每一大类至少应建设并开出八门以上课程，每一大类有一位课程组负责人。负责人在进行课程组建设时会系统地考虑课程设置和课程结构，使课程科学合理形成体系化和多元化。

### （二）创新教学方法融入实践教学

艺术素养类的通识选修课相较于其他门类课程有着一定的独特性，必须依靠一定的实践教学才能更好地提升艺术教育成效。没有实践的艺术类通识选修课大多开设的是艺术鉴赏类课程，这对学生来说只停留在艺术理论的模糊了解和艺术表象的认识。那么在选修课时间是晚自习时间、课时数较少的情况下，教师更应积极创新教学模式，融入一些艺术实践教学环节，切实提高学生的艺术素养。如《衍纸艺术》课程，除了衍纸历史、艺术文化背景、作品赏析等理论的讲授外，更应让学生进行衍纸创意制作。这样理论结合实践的课堂教学，学生体会艺术、感受艺术魅力更强烈，学习效果会增强。

## （三）引导学生全面发展选择合适的选修课

近几年高校就业形势依然很严峻，国家、社会对高素质创新人才的要求越来越高。高校积极转变教育理念，加快从单一的专业人才培养到复合型人才培养的转变，改革人才培养模式，多方位、多渠道地增强大学生的创新能力和综合素质能力。同时积极引导，在学生选课时辅导员应尽可能地帮助指导，选择与人才培养目标一致、拓宽知识面、符合自身兴趣爱好的选修课程，引导学生将艺术融入专业、融入生活，以更有效地促进学生全面发展，成为适应国家需要、符合社会需求的创新型高素质人才。

## （四）考核方式多样化

在艺术类通识选修课程培养目标的指导下，针对艺术素养类课程的性质，鼓励教师结合课堂教学方法采用不同的考核评价方式。平时成绩除了出勤情况外还包括参考课堂互动、实践情况，并适当加大平时成绩的考核比重，注重过程的培养；终结考核除了传统的调研报告、小论文外，也可以采用一些简单的艺术创意、设计作品、团队合作等方式进行考核，充分调动学生的积极性和能动性，培养学生的创新思维和创造能力。

从社会发展需求看，积极探索人才培养方案与艺术教育的深度融合，对提高大学生综合素质具有强大的推动作用。高校应积极探索符合实际发展的通识选修课程体系，大力加强艺术素养类课程建设。通过艺术素养的培育，大学生拓宽视野，完善知识结构，强化学生的创新意识和实践能力，进一步激发学生的学习原动力，在艺术教育中融合专业、提升学生素质的全面发展。

高五节 校本科教学评估与精品课程建设

本科教学评估明确了精品课程的发展方向，为精品课程建设提供了硬件支持，精品课程建设又为高等院校顺利通过本科教学评估提供了有力保障。本科教学评估是提高教学质量的宏观调控措施，精品课程建设是提高教学质量的具体措施，两者相辅相成。新时期高校精品课程建设应注重持续性，严把质量关。

近十年来，我国高等教育发展取得了历史性成就，全国高等教育在学总人数超过了2700万人，进入了国际公认的大众化发展阶段。高等教育规模的迅速扩大，引起了政府和全社会对办学条件、教育质量与规范管理的高度关注。为了在大众化教育条件下办出人民满意的高等教育，一个关键举措就是坚持"以评促建、以评促改、以评促管、评建结合、重在建设"的方针，全面开展本科教学评估。在本科教学评估过程中，教育部评估专家组对学校的办学理念、办学思路、办学水平、教学质量、社会评价、管理水平等各个方面全面、综合、系统地评价。通过评估，确立和巩固大众化教育背景下的多元化质量观，人才质量高低的标准从单一强调学术性向培养符合社会需求的多样化高素质人才方面转变。

在人才培养过程中，课程是学生知识、能力、素质培养的重要载体，是科学、技术、经济、文化发展的历史总结，是现代发展前沿的反映，具有无可替代的重要性和基础性。为了实现优质教学资源共享，提高高等学校教学质量和人才培养质量，教育部计划用5年时间建设 1500 门国家级精品课程。高等院校要根据自己在本科教学评估过程中的目标定位和发展方向来确定人才培养目标，制定人才培养计划，建设一批辐射性强、影响力大的精品课程，大范围地推进全校的课程建设，营造出重视教学质量、重视课程建设、以人才培养为己任的良好氛围。

## 一、本科教学评估明确了精品课程的发展方向

教学评估具有非常强的针对性和非常明确的导向性。各高等院校依照明确、统一的质量标准，开展本科教学评建工作。通过深入开展教育思想观念大讨论和对办学历史、教育教学过程的重新审视，进一步端正办学思想，梳理办学思路，明确发展目标和办学定位。各高校应根据在教学评估中总结、提炼的人才培养目标、办学定位与特色，结合评估专家在教学评估中提出的意见和建议，确定重点、谋划亮点、强化特色，凝练出具有本校气质和品格的精品课程系列。

精品课程建设是一个系统工程，不仅有国家级的精品课程，还有省级和校级的精品课程。国家级精品课程起着激励引领和示范辐射的作用，省级、校级精品课程起着基础性、关键性的作用。对于本校优势特色项目，要积极努力进入国家级、省级精品课程方阵，以扩大影响，提高建设层次，发挥优质资源在提高教学质量中的重要作用，并对本校其他课程建设起到示范和带动作用。对于学校在未来发展中的新增长点，要积极整合校内外资源，加大投入力度，建设校级精品课程，促进其快速成长。高校要以精品课程建设引导和带动学校深化教学改革，促进学校教学资源的进一步优化，在更高层次上提高教学质量和学校的办学水平。"以评促建、以评促改、以评促管、评建结合、重在建设"精辟地论述了教学评估的目的，也为精品课程建设指明了方向。如果精品课程都以本科教学评估为指导，逐步积累、改善、提高，教学质量就能逐步跃上新的台阶。

## 二、教学评估为精品课程建设提供了硬件支持

必要的办学条件和设备，是保证教学水平和质量的物质条件。精品课程要展示其丰富的教学资源并实现优质资源的共享，就必须借助先进的网络平台和信息技术手段，特别是网络技术和多媒体技术。同时，精品课程的建设对信息技术的依托，又推动着高校网络平台和信息技术的发展。

评估指标对办学条件有明确要求，这就促使各高校针对每个观测点的要求努力去达到或超过评估标准，加大教学基础设施建设力度，购置大量教学科研仪器设备和图书资料，改善校园网的软硬件设施，科学规划校园，提升育人环境的品位等。以我校为例，2000年建成"千兆主干，百兆桌面"校园网，共建立信息点 7420 个。校园网建有网络教学平台，实现网上备课、网上授课、布置作业、提交作业、批改作业、辅导答疑、自主学习、自由讨论等功能。校园网有 102 门教师自主开发的网络课程，教学资源充足，应用系统丰富，

为学生提供了良好的网络学习环境，推动了学校教育方法和教学手段的改革，提高了教学质量和管理水平。由此可见，教学评估为精品课程建设提供了硬件支持。

## 三、教学评估与精品课程建设相辅相成

本科教学评估是对教育教学工作是否达到教育目标和标准及其达到程度做出的价值判断。其目的之一就是为提高教学质量和改善教学管理提供依据，使被评学校自觉地把评估作为对教学工作进行科学而规范管理的重要手段，并在此基础上逐步建立教学质量保障与监控体系，从而不断提高办学水平。精品课程建设以提高高等学校本科教学质量为目标，以信息技术手段的应用为主线，以建设与共享优质教学资源、推进教育教学模式改革与创新为重点，加强大学生素质和能力培养，强化实习、实践教学，提升我国高等教育的质量和整体实力。教育部在《关于启动高等学校教学质量与教学改革工程精品课程建设工作的通知》中，将精品课程定位为"五个一流"，即具有"一流教师队伍、一流教学内容、一流教学方法、一流教材、一流教学管理"等特点的示范性课程。本科教学评估是宏观调控措施，精品课程建设是具体措施，两者相辅相成，都是贯彻落实科学发展观，提高高校教育教学质量的需要。

### （一）一流的教师队伍

"一流的教师队伍"，就是要在精品课程建设过程中，建设一支结构合理、教学水平高、教学效果好的教师梯队。精品课程就是向课程要效益，向名师要质量。教学评估指标对师资队伍建设等方面也有具体标准和要求。为了更好地达到或者超额完成评估标准，必须把精品课程建设与高水平师资队伍建设结合起来，在推进课程建设中寻求师资队伍建设的有效途径。坚持稳定、引进与培养并举，着力培养高层次人才和提升整体质量。坚持教授、副教授为本科生授课，发挥教学名师在教学中的示范和带动作用，加强青年教师队伍的建设和培养，打造高水平的教学团队，促进教学研讨和教学经验交流，提高教学水平。

### （二）一流的教学内容

"一流的教学内容"指的是在精品课程建设过程中，充分体现"加强基础、注重应用、增强素质、培养能力"的教育原则，始终保持教学内容的科学性、先进性、系统性和前沿性。一流的教学内容能够反映当代社会、政治、经济、科技发展对人才培养提出的新要求，提高学生的动手能力和参与热情。

在本科教学评估过程中，教育部评估专家组审阅有关资料，随堂听课，课间与学生交流课堂体会，对任课教师进行评价，随机调阅学生考试试卷，对学生实践基本技能进行测试，查阅教学文件及资料。由此可见，教学内容不仅是精品课程建设的核心，也是本科教学评估的重中之重。

### （三）一流的教材

教学评估指标对教材的编写和使用也有具体标准和要求。"一流的教材"，指的是坚持理论与实践并重，电子教案、课件与课程实现互补，集纸质教材、多媒体课件、网络课程、资源库、教学参考书等于一体，最大限度地满足教师教学活动的需要。精品课程的教材之所以称为一流的教材，主要在于编撰者将先进的教育理念和丰富的教学内容反映于其中。编写和使用优秀教材是推动教学质量全面提升，突出课程优势和特色的重要体现。精品课程还要积极创造条件建立教学辅导网站，将课程教学大纲、教案、习题、实验实习指导、参考文献资料等放在网上，供学生自主学习。这些都与本科教学评估标准完全吻合。

### （四）一流的教学方法

"一流的教学方法"，就是在精品课程建设过程中，要注重因材施教，运用学生乐于接受的逻辑形式，采用直观式、启发式、讨论式、参与式、案例式等生动丰富的方式和先进的教学手段，激发学生的学习兴趣。面向经济建设和社会发展的主战场，教学方法要全方位创新，培养社会需要的各种类型的高素质人才，努力形成有利于多样化创新人才成长的培养体系。各高等院校使用新的教学方法，培养学生创新精神和实践能力，大力开展大学生科技制作等活动，鼓励学生积极参与科研课题的研究并参加学科竞赛活动，指导学生发明创造，使之成为学校在本科教学评估中的特色和亮点。

### （五）一流的教学管理

教学管理是沟通教与学的中介，教育部评估专家组进校后通过走访教学院系和教务处、学生处、科研处、财务处、人事处等主要职能部门，对学校的管理水平系统地进行评价。教学评估指标和精品课程建设都要求健全并完善体现先进教育思想的教学管理规章制度，确保各项规章制度严格执行。初步形成全员参与、全方位管理、全过程监控的教学质量监控体系，培养多元化质量观的高素质人才。

## 四、高校精品课程建设中应注意的问题

高等教育需要精品课程，因为它能使学生接触到大量的优秀教师和教材资源，体验先进的教学方式，学习做人和做学问的方法，获取大量的学科前沿信息，使他们在本科阶段的学习内容更加丰富，知识面更加宽广，能更快地提高自身的综合素质和能力，适应飞速发展的学科要求及学科之间日趋明显的交叉融合趋势。可以说，精品课程的数量和质量不仅影响到各高校能否顺利通过本科教学评估，而且还关系到能否打造出符合未来社会发展需求的人才。

### （一）持续完善精品课程建设

本科教学评估是一项阶段性工程，五年一轮回，而精品课程建设是动态的，随着时代

的发展和科技的进步，精品课程的教学内容、教学方法、教学手段都应不断地更新与改革。所以，精品课程有一个建设过程，需要漫长的时间，要克服一蹴而就、急于求成、一劳永逸的思想，更不能为了应付本科教学评估而编造教学大纲和教学过程，欺骗评估专家，产生对高等教育极为不利的负面影响。

### （二）严把精品课程建设质量关

各高等院校应进一步深入学习教育部关于本科教学评估与精品课程建设的文件，严把精品课程建设质量关，把这一惠及千百万学生的教育工程、教学工程建设落到实处。精品课建设不能只停留在形式上，部分高校在精品课程建设过程中存在着不同程度的追风赶潮、粗制滥造等问题。由一两个人做做课件，编写教学大纲，编造一些教学过程，添加一些讲课录像，简单地把书本内容搬到屏幕上；或心血来潮，出于好奇展现自己的课件制作能力。这样的精品课程教学无新意、科研无作为，因追风赶潮、流于形式而失去意义，不仅背离了教育部关于精品课程建设的初衷，而且浪费了人力、物力和财力，损害了素质教育。其结果是，精品课程建设成为"花瓶"，只是好看但无实际意义，甚至有的精品课程粗制滥造，成为网上垃圾，这些所谓的"精品课程"应是我们严格禁止的。

总之，本科教学评估是提高教学质量的宏观调控措施，精品课程建设是提高教学质量的具体措施，两者相辅相成。教学评估促进了教育思想的转变，加强了教学基本建设，改善了办学条件和环境，为精品课程建设奠定了基础。同时，也使各高校更加认清了自身的优势与不足，增强了精品课程建设的针对性。各高等院校要以首轮教学评估取得的成绩为新起点，进一步深化教学改革，增强精品课程建设的针对性，充分调动并发挥教师的积极性，打造一批优质教学资源，真正达到"以评促建、以评促改、以评促管、评建结合、重在建设"的目标。

## 第六节 在线教育课程质量评估体系建设

随着互联网应用方式的不断拓展，当代社会各行各业若想取得高速发展离不开互联网技术的支持。在此背景下，互联网结合高校课程所诞生的在线课程近年来也取得了不错的发展，在一定程度上缓解了教育资源不均衡的尴尬情况。然而我国在线课程起步较晚，总体上看仍存在课程质量较低、课程内容不完整的情况，尤其是当前在线课程评估体系建设不够完善，使得在线课程总体发展速度缓慢。本节在阐述在线课程特点的前提下，尝试调整现有的评估体系，并给出调整方案。

## 一、在线教育课程特点

### （一）学习者作为体系中心

在线教育课程本身具有远程教育的属性，通常根据教学要求与学科重心来进行内容上的设计，以此满足学生学习需求。学生作为在线课程体系建设的中心，多数在线课程在内容设计上往往会设置中间问答环节，以此在内容传授过程中实时检测学生的学习情况，但是在不同的学科当中，应注意设置不同的教学模式才能更好地激发学生的学习兴趣。如工科课程设计应提高操作要求，通过实践教学模式来提高学生的学习兴趣。在文史课程设计中应建立知识场景，提高课程交互性以此调动学生学习兴趣，从而主动吸纳知识。

### （二）课程结构化明显

在线教育课程相较其他远程教育结构性与体系性更加明显。通过精心设计课程内容、梳理知识逻辑，在线教育课程具有更强的知识联系性。课程各个环节之间联系更为紧密，通常阶段性学习中会包含多种测试，时间安排也更加多样化，能帮助学生更好地梳理课程重点难点，以此提高学生的学习效率。

### （三）以获取知识为设计核心

通过观看在线教育课程，学习者能够更加自由地掌握学习时间，在既定时间段内更为高效地完成学习目标。在线教育课程在设计初应当把握好其内涵，注重设计理念，将获取知识作为设计核心，无论是其内容编排还是教学模式上都应把获取知识放在核心位置上，以此才能实现在线教育课程的教育目标。

## 二、在线教育课程评估的准则

在高校课程总体系中，评估一直是评价学习效果并确保课程质量的重要方法，在线教育课程作为课程总体系的分支也应具备配套的评估体系。欧美发达国家在线教育课程起步较早、发展较快，在其在线教育课程标准体系中，评估是极为重要的一环。我国当前所推行的在线教育课程评估标准借鉴了发达国家的发展经验，在满足传统课程标准的前提下还应满足以下两种标准：（1）指标标准。此标准主要将学习效果通过几项标准（接受性、完成度、专业性等）进行综合评判，并根据指标最终的得分概率评定成绩，之后乘以指标项总数来进行成绩划档。（2）模型标准。在线教育课程在学习完成之后提供评估交互模型，通过让学生操作模型来进行测试，并对模型测试结果进行判断从而确定学习效果。

## 三、在线教育课程学习效果的评估体系建设

### （一）传统评估

在线教育课程传统性评估与一般课程评估方式相似，通过观察学生测试、考察、毕业设计情况的方式判断学生的学习效果。通常来讲，传统评估大多给出总结判断，通过给出学生评定成绩，来证明学生对某一阶段学习任务的完成情况。之后会向学生发布学习意见表，反馈在线课程学习情况，判断在线课程质量。

### （二）技能评估

在线教育课程具有极强的交互性。在课程学习过程中，学生既是被评估者同时也是评估课程质量的人员。在线课程强调课程参与度，因此技能评估也是在线课程评估的组成部分，通常情况下学生会对课程设计情况以及教师设计的互动环节进行评估，以此来衡量教师技能。具体表现为在线教育课程阶段性任务完成后，会有相关评估表格发送到学生电子邮箱，学生通过对交互能力、教学模式、内容传授质量来进行打分，之后汇总学生评估表格判断课程质量。

### （三）电子档案袋评估

电子档案袋评估方式是区别在线教育课程评估体系与传统课程评估体系的重要标志。在传统评估与技能评估过程中，由于评估模式的限制使得评估结果更加偏向于"分数化"，不能满足多样化评估需求。电子档案袋评估系统的建立，使得学生能够将课程外的资料搜集过程与学习经历纳入评估体系中，帮助评估小组更好地判断学生的学习情况、在线课程的教学质量以及教学中存在的不足。不仅如此，通过设计合理的算法，在线教育课程平台能够通过分析学生档案袋因地制宜地推荐学习资料，以此来帮助学生更好地获取知识。

自MOOC教学模式出现以后，在线教育课程的发展速度不断加快。时至今日，市面上已出现多种在线教育课程新模式，教学工作者应当从理性角度出发，审视新模式下课程体系建设的未来发展，通过完善课程评估体系，使在线教育课程的作用得到更大的发挥。

# 第七节　以课程评估促进高校就业指导课程建设

在大学生就业指导的过程中，主要是依托指导课程这个重要的载体。分析了以课程评估促进高校就业指导课程建设的重要性，并提出了高校就业课程评估的指导原则。在此基础上，指出了以课程评估促进高校就业指导课程建设中应注意的问题。

作为大学生开展就业指导的重要载体，一直以来，就业指导课程的建设水平和教学效果都备受社会各界的关注。而纵观我国目前就业指导课程体系建设现状，和发达国家相比，

还相对落后，存在着许多不尽如人意的地方，而有效开展课程评估工作，可对高校就业指导课程体系的建设起到一定的促进作用。本节对此进行了粗略的探讨，旨在为高校毕业生进行有效的毕业指导。

## 一、高校实施就业指导课程评估的意义

课程发展的本质，要求高校开展就业指导课程评估。课程评估指标体系是否科学合理，是否行之有效，对整体办学水平的提高、教学质量的提升具有重要的意义。所以，我们必须加强课程建设，对课程认真评估。因为教学工作的细胞就是课程，它同时也是实现教学目标，完成教学工作的基础和保障，也是使人才培养质量提升的关键环节。通过课程评估，对教学内容和授课方法进行规范，它是重要的手段，促进了课程建设发展方向的专业化和规范化。新形势下，高校开展就业指导课程评估是势在必行的。

## 二、高校开展就业指导课程评估的原则

### （一）针对性原则

改革毕业生就业制度的大环境，要求高校开设就业指导课程。首先，目前大学生就业制度由国家统一分配向"自主择业、双向选择"转变。而这些是直接的诱因，催生了就业指导课程的开发，所以我国的就业指导课程的思想教育性极强。其次，具有一定的综合性，是就业指导课程的又一个特征。立足于学科知识背景，就业指导课程建立在多门学科的基础之上，涵盖了思想政治教育和心理学等诸多知识。立足于教学内容，综合了多方面的能力，即创业能力、就业能力和职业发展规划能力，它既传授了知识，同时又促进了职业规划。再次，就业指导课程的时代性也极其鲜明：一方面，时代性对宏观形势的多变进行了体现；另一方面，也对学生的个体特征进行了体现。所以，就业指导课程的开展，应对针对性原则进行遵循。依据就业指导课程自身的特点，对评估体系进行制订。

### （二）适用性原则

目前，我国的就业指导课程建设还处于初始阶段，所以，对于所要评估的对象的实际，应给予真实和客观的评价。对实施课程的真实效果能够正确衡量，不能因为目前还不具备较高的课程总体水平，而将要求降低，也不能对指导课程实践者的努力成果随意菲薄。应注重实效、难易适中，立足于科学合理的方针，以总结性评价为辅，形成性评价为主，对教育活动过程及教育方案中存在的问题进行科学的诊断，并及时提供反馈信息，促进教育活动的顺利开展，使教育活动质量提升，并鉴定和登记那些好的课程。

## 三、以课程评估促进高校就业指导课程建设的策略

### （一）对合理的评估指标体系进行构建

作为核心环节，合理的评估指标体系对课程评估的有效性和科学性起到了决定性的作用。

（1）定性指标要有效结合定量指标。在设计课程评估指标方面，标准的量化，可使客观性增加，主观随意性减少，适当的定性指标，能够对教师教学的艺术性和课程的特色予以体现，对不同院校和专业间个性化要求和就业指导课程的特色予以体现。

（2）以调查研究为基础，对课程评估指标体系进行确定。从三个群体中，即学生、任课教师和开课部门分层抽样，进行问卷调查和深度访谈。目前一些课程评估体系中教学效果具有较高的权重系数，不太适用现阶段的就业指导课程。究其原因，主要是需要经过一段时间学生外化和内化的过程，才能对指导课程的效果进行体现，这样就无法对就业指导课程效果指标进行准确测量；另一方面，教材建设和师资队伍是目前就业指导课程发展的瓶颈，而这些指标上去了，自然会相应的提高教学效果。所以设置权重和评价教学效果，必须要与当前指导课程的特点相适应。

### （二）结合优秀课程评估和合格课程的评估

合格课程与精品课程是两个阶段，由初级上升到高级，课程评估建设的一般性要求，就是达到合格，所以课程建设应与基础性阶段要求相符合。只有是合格的课程，才能对课程教学质量提供保障，对优化课程建设夯实基础。

高校就业指导是重要的辅助方式，可促进大学生就业工作的顺利开展。就业指导工作能够帮助大学生对就业形势有正确认识，对社会需求更好地了解，对正确的择业观进行树立，而课程评估对课程体系建设起到有效的引导和规范的作用，促进了课程建设发展方向专业化。

# 参考文献

[1] 张琼. 以实践能力培养为取向的知识教学变革研究 [D]. 华中师范大学, 2011.

[2] 潘懋元, 周群英. 从高校分类的视角看应用型本科课程建设 [J]. 中国大学教学, 2009, 03: 4-7.

[3] 查建中. 论"做中学"战略下的 CDIO 模式 [J]. 高等工程教育研究, 2008, 03: 1-6+9.

[4] 陈波. 应用型本科院校教材建设的改革与发展 [J]. 高教学刊, 2015, 24: 172-173.

[5] 陈明燕. 高校创新创业人才培养体系构建研究: 以重庆邮电大学移通学院为例 [J]. 教育现代化, 2018（9）.

[6] 李天英, 李利军. 创新创业教育实质及课程体系建设与教法探究 [J]. 文化创新比较研究, 2017（21）.

[7] 赵晓兵, 赵光. 产教融合导向下应用型高校课程建设规划的思考 [J]. 保定学院学报, 2019（5）.

[8] 俞福君, 雷存喜, 袁华斌. 执业能力培养下新建应用型本科院校实践教学质量监控问题探析 [J]. 未来英才, 2014（7）.

[9] 李雪征. 基于"互联网＋教育"背景下应用型本科高校在线开放课程建设的思考与实践 [J]. 中国多媒体与网络教学学报（上旬刊）, 2019（6）.

[10] 蔡韧. 钢琴教学法的课程建设与应用研究 [J]. 教育与职业, 2010（32）.

[11] 德雷克·博克. 回归大学之道: 对美国大学本科教育的反思与展望 [M]. 2版. 侯定凯, 梁爽, 陈琼琼, 译. 上海: 华东师范大学出版社, 2012.

[12] 张会杰, 张树永. 哈佛大学通识教育课程体系及其特点 [J]. 高教发展与评估, 2013, 29（2）: 81-89, 107.

[13] 高有华, 王银芬. 当代德国大学课程改革研究 [J]. 煤炭高等教育, 2009, 27（5）: 64-67.

[14] 黄福涛. 90年代德国高等教育的现状、问题和课程改革动向 [J]. 外国教育研究, 1997（5）: 26-31.

[15] 徐理勤. 德国应用科学大学（FH）的人才培养模式及其启示 [J]. 浙江科技学院学报, 2005, 17（4）: 309-313.

[16] 邓晓卫, 施庆生. 借鉴国外高校经验加快教学改革步伐 [J]. 中国大学教学, 2015（2）: 93-96.

[17] 刘献君. 大学课程建设的发展趋势 [J]. 高等教育研究，2014，35（2）：62-69.

[18] 葛文杰. 以"质量和创新"为核心深化课程教学改革与建设 [J]. 中国大学教学，2013（7）：36-38.

[19] 魏小琳. 后现代视野中的高校课程体系建设 [J]. 高等教育研究，2007，28（7）：90-94.

[20] 张微，黄伟九，曾英，等. 教学型高校课程建设的探讨 [J]. 重庆工学院学报，2006，20（7）：168-170.

[21] 母小勇，薛红霞. 后现代高校课程：回到人类活动的"原点"[J]. 高等教育研究，2004，25（4）：74-78.

[22] 雷建龙，冯雪妓. "课内外一体化"工学结合教学改革的探索与实践：以《实用电子技术》课程为例 [J]. 武汉船舶职业技术学院学报，2012（4）：91-94，98.